大学生职业生涯发展教育探究

王慧鹏◎著

线装书局

图书在版编目（CIP）数据

大学生职业生涯发展教育探究/王慧鹏著. --北京:线装书局,2023.8

ISBN 978-7-5120-5523-0

Ⅰ.①大… Ⅱ.①王… Ⅲ.①大学生－职业选择－教学研究 Ⅳ.①G647.38

中国国家版本馆 CIP 数据核字(2023)第 119719 号

大学生职业生涯发展教育探究
DAXUESHENG ZHIYE SHENGYA FAZHAN JIAOYU TANJIU

作　　者：王慧鹏

责任编辑：林　菲

出版发行：**线装書局**

　　地　　址：北京市丰台区方庄日月天地大厦 B 座 17 层（100078）

　　电　　话：010-58077126（发行部）010-58076938（总编室）

　　网　　址：www.zgxzsj.com

经　　销：新华书店

印　　制：北京四海锦诚印刷技术有限公司

开　　本：787mm×1092mm　　1/16

印　　张：11.5

字　　数：219 千字

版　　次：2023 年 8 月第 1 版第 1 次印刷

定　　价：78.00 元

线装书局官方微信

前　言

大学生职业生涯发展教育至关重要，它为大学生提供职业规划、技能培训和实践机会，帮助他们了解职场要求、发掘潜能，并为未来的就业做好准备。通过综合素质提升和职业导向培养，大学生可以更好地适应社会需求，实现个人职业目标。

基于此，本书以"大学生职业生涯发展教育探究"为题，首先，论述大学阶段与职业生涯发展、职业生涯发展的基本理论、职业生涯规划理论与原则、职业生涯规划教育的意义、职业性格认知与兴趣认知、职业能力认知与价值观认知、职业倾向与职业测评方法；其次，探讨职业常识与职业发展趋势、职业信息的获取与分析、大学生职业环境分析、职业发展决策的理论及意义、职业发展决策的原则和类型、职业发展决策的步骤和方法；再次，分析就业观念与科学就业观的树立、大学生就业心理调适的方法、大学生就业认知准备与心理准备、大学生就业信息准备与材料准备、大学生求职定位与求职策略，大学生笔试、面试技巧分析，大学生角色转换与适应新环境、大学生职业适应与职业发展；最后，论述大学生就业形势与就业政策、大学生就业权利与就业义务、大学生就业协议书与劳动合同、大学生劳动争议及其处理。

全书内容丰富，逻辑严谨，主要以大学生职业生涯发展教育为论述重点，兼具理论与实践价值，可供广大相关工作者参考借鉴。

在本书的写作过程中，作者得到了许多专家学者的帮助和指导，参考了大量的相关学术文献，在此表示真诚的感谢。由于水平有限，书中难免会有疏漏之处，希望同行学者和广大读者予以批评指正。

目　录

第一章 大学生与职业生涯规划

第一节 大学阶段与职业生涯发展

每年金秋季节，总有大批学子通过辛勤的努力，叩开高等学府的大门。大学是青年人成才的新起点，又是人生发展历程的一大转折点。因此，如何尽快适应大学生活，对于新生来说尤为重要。

一、大学生活的特点与要求

（一）大学生活的特点

1. 生活独立性变强，需要自立

在中学时代，学生多在家乡附近就读，衣食住行、生活起居大都依靠父母亲友的料理照顾，个人不必操心。而到了大学则完全不同了，由于远离家乡亲人，诸如看病、购物、洗衣服、吃饭等许多生活琐事无不由自己安排。

2. 需要自我管理和自我教育

大学虽然相对中学而言课程增多，教学进度加快，课程难度加大，自学内容增多，但是学习氛围整体还是比较宽松的，监督机制不强，自觉、自主学习尤为重要。大学生个性张扬，自我约束力不强，再加上大学被动管理比中学要少得多，主要依靠学生的自我管理和自我教育，容易放松自我要求，产生懈怠情绪，从而缺失奋斗的目标。

3. 联系社会密切，需要自律诚信

大学与社会的联系较中学更为密切，同时大学本身也是一个"小社会"，难免社会上的不良习气渗透进来，使思想道德可塑性较强的大学生受到不良影响。大学生要自觉加强道德修养，不要随心所欲，放纵自己，要从一点一滴的小事做起，坚持"慎独"和"吾日三省吾身"的道德修养原则，堂堂正正诚信做人。

大学生的人际交往是十分广泛的，在校内要与老师、同学、老乡、朋友交往，在校外无论社会实践、实习还是社会调查，都要与社会各个方面的人打交道。而与人交往的基础是自尊和尊人。大学生在交往中既要善交友，广交友，交好友，又要讲究做人的道德，把握交往的原则，力求做到自尊自爱，光明磊落。大学是青年人成长和成才的一方肥田沃土，是锤炼优秀人才的大熔炉。

4. 社会环境及就业压力变大，需要自强自信

心理素质也有人称为情绪智商或者非智力因素，它是一个人成才的精神支柱，在青年人成才的过程中，良好的心理素质必不可少。正确和乐观的人生态度、稳定的情绪、良好的意志品质是大学生良好心理素质的基础。大学生要圆满地完成自己的学业，必须自强自信，要相信自己的能力，善于参与，敢于竞争，勇于吃苦耐劳，克服自身的弱点，善于战胜和超越自我，做生活和学习的强者；面对困难和挫折，要以平静的心态接受，以积极的态度去克服，而不要怨天尤人，更不要自暴自弃。

（二）大学生活的要求

大学没有升学的压力，因此，学习上的自觉性显得尤其重要。有些新生到了大学后认为可以好好玩一玩，不必一开始就搞得那么紧张，这种想法是错误的。大学的学习要勤奋和刻苦，力戒浮躁、懒惰、自我满足和功利主义，不要想投机取巧走捷径，只有拥有真才实学，才能增强将来就业和创业的实力。每一个新生都要尽快适应大学的生活和学习，为今后的成长、成才奠定稳固扎实的基础。

1. 学会适应环境，初步了解职业，提高人际沟通能力

学会适应大学生活是成才的基础，大学新生要克服过去处处依赖别人的心理，学会有条理地安排自己的生活，学会理财，培养独立生活的能力，做好自己的后勤部长。生活自立和自理是人类生存发展的基本需要，也是大学生活的第一课，作为大学新生一定要过好这一关。同时要探索职业兴趣，确定职业发展方向；向师哥师姐们请教个人职业生涯规划问题，询问就业情况；参加学校活动，增加交流技巧；学习计算机知识，辅助自己的学习。

2. 面对社会需求，提高基本素质，推进职业生涯设计

通过专业课的学习与实践积累职业能力，打造职业品质，奠定职业发展基础。通过参加学生会或社团等组织，锻炼自己的执行、组织、协调与沟通等能力，同时检验自己的知

识技能；尝试兼职、社会实践活动，并具有坚持性；提高自己的责任感、主动性和受挫能力，加强英语口语及计算机应用能力。自主推进职业生涯设计。

3. 提高求职技能，搜集公司信息，执行职业生涯规划并成功就业

通过生涯访谈和实习转化职业能力，强化执行能力，完成职业人转变；参加与专业相关的暑期工作和培训，学会写简历、求职信；同时要积累求职技巧、进行模拟面试演练等，强化自我营销能力，主动就业；关注就业指导中心信息，扩充搜集工作信息的渠道，并针对性查找意向公司资料及信息，积极参加相关招聘活动。在实践中检验自己的积累和准备。

二、大学专业学习与职业发展的关系

大学专业是指高等学校根据国家建设及社会专业分工的需要而设立的学业类别，各个专业都有独立的教学计划，以实现专业的培养目标和要求。我国大学的专业种类较好地体现了拓宽专业口径、增强社会适应性的特点，为毕业生择业、就业奠定了坚实的基础，对提高人才培养质量、增强毕业生职业发展适应能力等具有十分重要的意义。大学专业与未来职业发展的具体关系如下。

（一）专业学习是获得职业发展专业知识技能的有效途径

专业知识技能是指通过学习专业课程来获取相应的专业知识和能力。专业知识能不能够迁移，需要经过有意识的、专门的学习才能掌握。现代社会职业发展对专业知识技能的要求越来越高，要求具有系统性、完整性和前瞻性。大学系统的专业学习为职业发展对专业知识技能的需求提供了保障。

（二）专业学习能够帮助大学生科学确定职业发展的目标

大学专业的学习是一个人实现由学生向职业人转变的联结点。大学生要通过自己专业知识的学习，充实自己的专业技能，开阔自己的眼界，提升自我的素质，确定自己的职业发展目标，以达到社会对职业素质的要求，成为一名合格的职业者。理性、科学地进行职业规划，是大学生学好专业知识，做好大学生活规划的重要组成部分。

（三）大学生通过对专业的学习，树立终身学习的理念

大学生通过对专业的学习，为职业发展对员工专业知识技能需求的更新提供了可持续发展的动力；同时职业发展要求员工要学会学习、做事、合作、发展，从而实现自己的发展目标。

三、大学生活的管理与调适

目前，有相当一部分同学不能很快适应丰富多彩的大学生活，甚至整个大学时期都不能适应，这主要是这部分同学对大学生活缺乏有效的管理和调适。大学生无论是在生理上还是在心理上，都处于迅速变化的过程中，处于从不成熟到成熟的过渡时期。大学生由于阅历较浅，社会经验相对不足，独立生活能力不强，对自己缺乏正确而全面的认识，又非常敏感，如受到社会上流行的各种各样思潮的冲击，就容易产生各种各样的心理矛盾和冲突。由于入学前后生活和学习环境发生巨大变化，在适应新环境时，就会出现各种各样的困难。要注意从以下方面来解决这些问题。

（一）适应大学的环境

这里所说的环境既包括校园的自然环境，也包括大学与中学所不同的学习、生活及人际环境。大学校园的学习、生活、人际环境等与中学环境有着很大的不同。对新环境适应快的学生很快就成为班级中的重要人物，与老师、同学接触多，掌握的信息多，锻炼的机会也多，能力就提高很快，自信心也就建立起来了。

（二）适应大学的学习生活

学习是大学生活中最重要的一部分，大学教学体制、学习方法都与中学有着明显的不同。能否尽快适应全新的大学学习生活，直接影响四年的学业，也间接影响以后的工作、生活。一般来讲，大学的校园规模都比较大，教学设施比较齐全。新生入学以后，在思想上要有这样的一种认识：要想在学业上获得成功，一定要在发扬勤奋刻苦精神的同时，充分利用现有的条件。不但学好专业课程，而且充分利用各种有利条件来发展自己、提高自己。因为在现在的大学中，单凭坐在教室里读书是难以适应社会的，还要通过多种渠道，提高自己其他方面的知识和能力。

调整自己的学习方法，是适应大学学习生活的重要一步。大学的学习方法与中小学的方法差别很大。以教师为主导的教学模式变成了以学生为主导的自学模式。课堂上讲授知识后，学生不仅要消化、理解所学内容，而且要大量阅读相关方面的书籍和文献。学生自学能力的高低成了影响学业成绩的最重要因素，所以新生学习方法的调整也就成为必然。新生只要及早做好准备，就能较顺利地过好这一关。

（三）建立合理的生活秩序

1. 培养生活自理能力

独立生活包括自己洗衣服、买饭、洗碗以及"打扮"自己和"理财"等。一般大学新生没有太多理财的经验，在自己的整个生活中，首先要考虑哪些开支是必要的和可有可无的，还要了解自己家庭的承受能力，然后再制订自己的花钱计划，使之切实可行。

2. 养成良好的生活习惯

生活习惯代表着个人的生活方式，不仅影响个人的身心健康，而且对人的未来发展有间接作用。身心健康是确保顺利、成功度过大学阶段的一个重要基础。要想身体健康，就应培养良好的生活习惯。每天要有严格的作息时间，生活的高度规律性是身体健康的保证；要有良好的饮食习惯，饮食要有规律，不可暴饮暴食；要坚持适度地锻炼身体，增强体质。当然，保持乐观而平静的心境、积极向上的精神也是至关重要的。

3. 合理安排业余时间

大学生活的内容是丰富多彩的，除了正常的教学活动外，同学们还有大量的业余时间参加各种讲座、学术报告会、文体活动、社交、公关活动等。合理安排、利用这些业余时间先要分析一下自己在某个阶段的目标是什么，长远目标是什么，哪些活动对自己的目标有利；根据自己的目标确定出自己业余时间的安排计划，然后合理利用业余时间。

（四）确立自身角色

对角色改变的适应对大学生来说是最重要的。许多大学生在高中时是学校班级里的佼佼者，是深得老师同学注目的"尖子"。然而，在大学中，几乎每个人都有着辉煌的过去，而每个班级或整个学校就只能有少数人保持原来的中心地位和重要角色。多数同学都需要向普通角色转变，在这个转变中，自我评价会受到不同程度的冲击。这种冲击基本上来自两个方面：与别人学习成绩的比较和能力特长方面的比较。成绩的好坏，一直是中学生评价自我和他人的重要标准，但在大学里，即使是原来的高考状元也可能落后于高考成绩一般的同学。许多人因此导致了失眠、神经衰弱和抑郁症等。这就要求大学生不但要适应在校、系里的新角色，而且要更加严格要求自己，在自己感兴趣的领域努力发展自己。

（五）树立职业生涯规划意识，科学规划大学生活

面对严峻的就业压力，作为大学生活规划重要组成部分的职业生涯规划也显得越来越重要。大学生应通过对未来大学生活道路的预期设计，来采取相应的措施。科学的生活规

划，可以帮助确立在大学期间的发展目标、发展前景以及发展道路；可以帮助管理时间和精力，使之用于最具回报率的事情上去，以获得更大的成功。

第二节　职业生涯发展的基本理论

一、霍兰德的人格类型理论

约翰·霍兰德是美国约翰·霍普金斯大学心理学教授，美国著名的职业指导专家。1959 年，霍兰德以自己的职业咨询经验为基础提出了一种关于职业选择的人格类型理论。霍兰德的类型理论提供了一个重要的生涯辅导理念：把个人特质和适合这种特质的工作联合起来。生涯辅导（简单说就是职业辅导）强调生涯探索，对自我能力、兴趣、价值以及工作世界的探索。霍兰德巧妙地拉近了自我与工作世界的距离。借助霍兰德代码的协助，当事人能迅速地、有系统地，而且有所依据地在一个特定的职业群里进行探索活动。令人称道的是，它提供和个人兴趣相近且内容互有关联的一群职业，而不是仅仅冒险地去建议个人选择一种特殊的职业或工作。此外，在生涯咨询（具体就是职业指导）上，霍兰德的职业性向论也可以出其不意地引导当事人走向一个主动、积极的行动方向，进行动态探索。得到自己的代码和有关的职业群名称，当事人得以"起而行"地探查和自己将来有可能选择的职业的各种事务，包括工作内容、薪资收入、工作所需条件等。

霍兰德人格类型理论的基本观点在于：职业选择是个人人格的反映和延伸，人格（包括价值观、动机和需要等）是决定一个人选择何种职业的重要因素。人的内在本质必须在职业生涯的领域中得以充分扩展，期待一个人能在适当的生涯舞台上充分地展现自我、实现自我，不仅能安身，更能立命。另外，霍兰德研究发现，具有相同人格特质的人对许多生活事件的反应模式是相似的，因此某一类型的职业通常会吸引具有相同人格特质的人，这种人格特质反映在职业上，就是职业兴趣。因此，职业兴趣反映出一个人在职业选择上的人格类型。霍兰德通过大量的研究，最后总结出个体在职业选择上有六种人格类型。

（一）霍兰德的六种人格类型

1. 现实型

现实型的人格特点为愿意使用工具从事操作性工作，动手能力强，做事手脚灵活，动作协调；偏好于具体任务，不善言辞，做事保守，较为谦虚；缺乏社交能力，通常喜欢独立做事。这种人格类型的个体往往适合使用工具、机器，需要基本操作技能的工作。他们对要求具备机械方面才能、体力或从事与物件、机器、工具、运动器材、植物、动物相关的职业有兴趣，并具备相应能力。主要适合的职业为：技术性职业（计算机硬件人员、摄影师、制图员、机械装配工），技能性职业（木匠、厨师、技工、修理工、农民、一般劳动）。

2. 研究型

研究型的人格特点为思想家而非实干家，抽象思维能力强，求知欲强，肯动脑，善思考，不愿动手；喜欢独立的和富有创造性的工作；知识渊博，有学识才能，不善于领导他人；考虑问题理性化，做事喜欢精确，喜欢逻辑分析和推理，不断探讨未知的领域。这种人格类型的个体往往适合智力的、抽象的、分析的、独立的定向任务，具备智力或分析才能，并将其用于观察、估测、衡量、形成理论、最终解决问题的工作。主要的职业为：科学研究人员、教师、工程师、电脑编程人员、医生、系统分析员。

3. 艺术型

艺术型的人格特点为有创造力，乐于创造新颖、与众不同的成果，渴望表现自己的个性，实现自身的价值；做事理想化，追求完美，不切实际；具有一定的艺术才能和个性；善于表达，怀旧，心态较为复杂。这种人格类型的个体往往具备艺术修养、创造力、表达能力和直觉，并将其用于语言、行为、声音、颜色和形式的审美、思索和感受，不善于事务性工作。主要适合的职业为：艺术方面（演员、导演、艺术设计师、雕刻家、建筑师、摄影家、广告制作人），音乐方面（歌唱家、作曲家、乐队指挥），文学方面（小说家、诗人、剧作家）。

4. 社会型

社会型的人格特点为喜欢从事为他人服务和教育他人的工作；喜欢参与解决共同关心的社会问题，渴望发挥自己的社会作用；比较看重社会义务和社会道德。这种人格类型的个体往往适合做各种直接为他人服务的工作，如医疗服务、教育服务、生活服务等。主要适合的职业为：教师、保育员、行政人员、医护人员，衣食住行服务行业的经理、管理人员和服务人员，福利人员等。

5. 企业型

企业型的人格特点为精力充沛、自信、善交际，具有领导才能；喜欢竞争，敢冒风险；喜欢权力、地位和物质财富。这种人格类型的个体往往适合那些组织与影响他人共同完成组织目标的工作。主要适合的职业为经理、企业家、政府官员、商人，行政部门和单位的领导者、管理者。

6. 常规型

常规型的人格特点为喜欢按计划办事，习惯接受他人的智慧和领导，自己不谋求领导职位；不喜欢冒险和竞争；工作踏实，忠诚可靠，遵守纪律。这种人格类型的个体往往适合各种与文件档案、图书资料、统计报表之类相关的各类科室工作。主要适合的职业为：会计、出纳、统计人员，打字员，办公室秘书和文书，图书管理员，旅游、外贸职员，保管员，邮递员，审计员，人事职员等。

然而，大多数人都并非只有一种性向（如一个人的性向中很可能是同时包含着社会性向、现实性向和研究性向这三种）。霍兰德认为，这些性向越相似，相容性越强，则一个人在选择职业时所面临的内在冲突和犹豫就会越少。为了帮助描述这种情况，霍兰德建议将这六种性向分别放在一个正六角形的每一角。

员工的工作满意度与流动倾向性，取决于个体的人格特点与职业环境的匹配程度。当人格和职业相匹配时，会产生最高的满意度和最低的流动率。例如，社会型的个体应该从事社会型的工作，社会型的工作对现实型的人则可能不合适。这一模型的关键在于：①个体之间在人格方面存在着本质差异；②个体具有不同的类型；③当工作环境与人格类型协调一致时，会产生更高的工作满意度和更低的离职可能性。

（二）霍兰德人格六角形模型

霍兰德所划分的六大类型，并非并列的、有着明晰的边界。他以六角形模型标示出六大类型的关系，如图1-1[①]所示。霍兰德人格六角形模型可以解释六种职业类型之间的关系：在六角形模型中，任何两种类型之间的距离越近，其职业环境及职业兴趣的相似程度就越高。

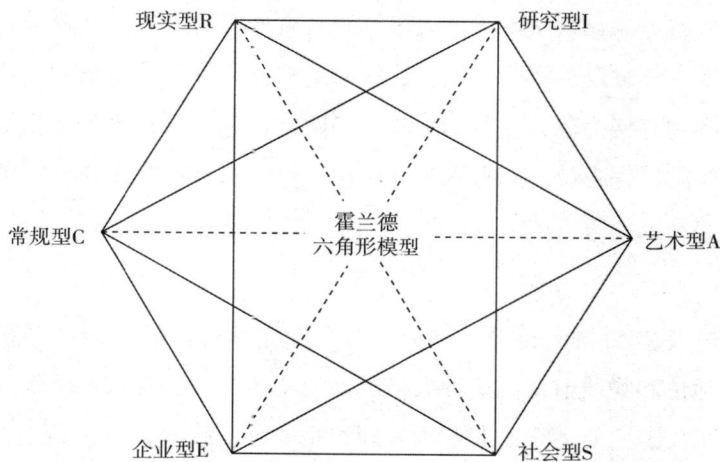

图1-1　霍兰德人格六角形模型

---

①　王廷，王楠，郭贝贝. 大学生职业生涯［M］. 北京：中国纺织出版社，2021：21.

在图 1-1 中，可以总结如下三种关系。

第一，相邻关系，如 RI、IR、IA、AI、AS、SA、SE、ES、EC、CE、RC 及 CR。属于这种关系的两种类型的个体之间共同点较多。例如，现实型 R、研究型 I 的人都不太偏好人际交往，这两种职业环境中也都较少有机会与人接触。

第二，相隔关系，如 RA、RE、IC、IS、AR、AE、SI、SC、EA、ER、CI 及 CS。属于这种关系的两种类型个体之间共同点较相邻关系少。

第三，相对关系，在六边形上处于对角位置的类型之间即为相对关系，如 RS、IE、AC、SR、EI 及 CA。相对关系的人格类型共同点少，因此，一个人同时对处于相对关系的两种职业环境都兴趣很浓的情况较为少见。

人们通常倾向选择与自我兴趣类型匹配的职业环境，如具有现实型兴趣的人希望在现实型的职业环境中工作，可以最好地发挥个人的潜能。但职业选择中，个体并非一定要选择与自己兴趣完全对应的职业环境。一则因为个体本身常是多种兴趣类型的综合体，单一类型显著突出的情况不多，因此评价个体的兴趣类型时也时常由其在六大类型中得分居前三位的类型组合而成，组合时根据分数的高低依次排列字母，构成其兴趣组型，如 RCA、AIS 等；二则因为影响职业选择的因素是多方面的，不完全依据兴趣类型，还要参照社会的职业需求及获得职业的现实可能性。

因此，职业选择时会不断妥协，寻求相邻职业环境，甚至相隔职业环境，在这种环境中，个体需要逐渐适应工作环境。但如果个体寻找的是相对的职业环境，意味着所进入的是与自我兴趣完全不同的职业环境，则工作起来就可能难以适应，或者难以做到工作时觉得很快乐；相反，甚至可能会每天工作得很辛苦。

（三）霍兰德人格类型理论对大学生职业生涯规划的启示

根据霍兰德人格类型理论，高校大学生职业生涯规划过程应着力于以下四个方面。

1. 全面分析和评价自己

大学生要对自我进行探索，根据自己的生理、心理的特点，了解个人的兴趣、爱好、能力、智商、情商、资源以及成功的标准、诉求、优势和劣势等。通过心理测量及其他测评手段，对自己的能力倾向、兴趣爱好、气质与性格、身体状况、学业成绩、家庭背景、工作经历等方面的个人资料进行客观综合评价。

对于大学生来说，上大学期间应该着重解决一个问题，那就是认识自己的性格、气质、兴趣、能力及个性特征，以及这些特征是否与理想职业相吻合，据此来确定自己的兴趣和优势所在，要充分认识自己的特长、实践经验以及社会工作能力等，对自己的优势和不足要有一个比较客观的认识，确定自己的发展方向和行业选择范围，明确其职业发展目标。大学生还要学会多问自己几个为什么："我是谁，我喜欢干什么，我能够干什么，我应该干什么，在众多职业面前应该选择什么"等问题。

人最大的敌人就是自己，这是因为人最难认识的就是自己。客观、科学地认识自己，是做好职业生涯规划的第一步。大学生除了根据自己所学的心理学知识来认识自己之外，要充分地与同学交流、虚心地向老师请教，还要向就业指导专家、职业咨询师进行咨询。另外，还有一种常用的手段就是通过专业的职业测评机构或软件来对自己进行评估并作出判断。通常，在这方面的测评和评估，既有标准化的工具，也有非标准化的工具。

所谓非标准化的工具，就是通过对自己的一些成长经历的回顾来发现自己的职业兴趣，如在过去的经历中我比较喜欢干什么，哪些事情让我觉得非常有成就感，哪些事情觉得做起来非常痛苦。找出 20 件左右在成长中让个人觉得有成就感和快乐的事情，就能够发现自己对什么感兴趣。标准化的工具就是通过专业化机构或测评软件，用一系列科学手段对人的一些基本心理特质进行测量和评估，以此来分析个人特质，并结合职业特点，帮助大学生进行职业规划和选择。如职业兴趣测验测试"你喜欢做什么"，职业价值观及动机测验测试"你要什么"，职业能力测验测试"你擅长什么"，个性测验测试"你是什么样的一个人"，职业发展评估测验测试"你的职业发展阶段如何"等。

2. 了解职业及职业环境

职业生涯规划不仅要对自我有一个充分的认识，还要充分了解相关环境因素，评估环境因素对自己职业生涯发展的影响，分析环境条件的特点、发展变化情况，把握环境因素的优势与限制，了解本专业、本行业的地位、优势及发展趋势等。面对这种情况，首先要多问问自己："社会需要什么样的人，什么样的行业、职业具有良好的发展前景，要达成理想的职业需要具备什么样的能力和素质"等。

在职业体系中，产业、行业与职业三者之间存在着归属关系，其中不同产业包括各种相应的行业，不同的行业中又包括了相应的职业。不同行业的选人、用人标准也有所不同，各有侧重。如企业单位、科研单位、设计部门、政府机关、教育部门等对大学生的要求是不一样的。大学生在职业定位时，要对自己的职业目标所涉及的行业、职业、工种有一定的认识，以及了解这些行业、职业、工种对从业者有什么样的要求，是否达到了这些要求，以便在大学期间能够有针对性地进行学习和锻炼，做好充分的前期准备。

3. 寻求个人与职业的最佳结合点

在了解自己与职业的基础上，职业生涯规划的关键点就是实现人职匹配，即选择与个人人格类型相一致或相近的工作环境，其中也包含职业定位和实施策略方面的问题。根据霍兰德人格类型理论，大学生所追求或从事的最佳职业，是自己人格类型与霍兰德人格六角形模型的一个顶点重合所对应的职业，若不能重合，应该根据自己的人格类型选择与之相邻的两个顶点之一类型的工作。大学生在职业定位时应该注意以下四点：

（1）依据客观现实，考虑个人与社会、单位的联系；

（2）比较鉴别，比较职业的条件、要求、性质与自身条件的匹配情况，选择条件更适合自己、更符合自己的特长、更感兴趣，经过努力能很快胜任、有发展前途的职业；

（3）扬长避短，看主要方面，不要追求十全十美的职业；

（4）审时度势，及时调整，要根据情况变化及时调整择业目标，不能一成不变，固执己见。

4. 不断地实践和校正

职业规划实际上是一个持续不断的探索过程。在这一过程中，每个人都根据自己的天资、能力、动机、需要、态度和价值观慢慢地形成较为明晰的、与职业有关的自我概念。

初入职场的大学生要认真审视自己，若所从事的职业与自己的人格特质还没有到绝对相斥的地步，实际上是可以通过加强学习、锻炼、调整心态来慢慢适应的。因为一个职业除了自己喜欢外，更要考虑社会的需要及其社会价值，这是因为个人价值必须通过社会价值来实现，职业目标也是需要在职业实践中进行校正的。

二、舒伯生涯彩虹图理论

20 世纪 80 年代，舒伯进一步拓宽和修正了他的职业生涯发展理论，这期间他最主要的贡献就是提出生涯彩虹图理论。这一理论是以他的一个更为广阔的新观念——生活广度、生活空间的生涯发展观作为理论基础的，且舒伯又加入了角色理论，并依据生涯发展阶段与角色彼此间交互影响的状况来描绘出一个多重角色生涯发展的综合图形。这个生活广度、生活空间的生涯发展图形，舒伯将其命名为"一生生涯的彩虹图"，形象地展现了生涯发展的时空关系，更好地诠释了生涯的定义。

在生涯彩虹图中，纵向层面代表的是纵观上下的生活空间，由一组职位和角色所组成，分成子女、学生、休闲者、公民、工作者、持家者六种不同的角色，他们交互影响交织出个人独特的生涯类型。他认为在个人发展历程中，人们随年龄的增长而扮演不同的角色。图的外圈为主要发展阶段，内圈阴影部分的范围、长短不一，表示在该年龄阶段各种角色的分量：在同一年龄阶段可能同时扮演着数种角色，因此彼此会有所重叠，但其所占比例分量则有所不同。

根据舒伯的观点，一个人一生中扮演的许许多多角色，就像彩虹同时具有许多色带。舒伯将显著角色的概念引入了生涯彩虹图。他认为，角色除与年龄及社会期望有关外，与个人所涉入的时间及情绪程度都有关联，因此每一阶段都有显著角色。

（一）横贯一生的彩虹——生活广度

在一生生涯的彩虹图中，横向层面代表的是横跨一生的生活广度。彩虹的外层显示了人生主要的发展阶段和大致估算的年龄：成长期（约相当于儿童期），探索期（约相当于青春期），确立期（约相当于成人前期），维持期（约相当于中年期）以及衰退期（约相当于老年期）。在这五个主要的人生发展阶段内，各个阶段还有小的阶段。舒伯特别强调各个时期年龄划分有相当大的弹性，应依据个体不同的情况而定。

（二）纵贯上下的彩虹——生活空间

在一生生涯的彩虹图中，纵向层面代表的是纵贯上下的生活空间，由一组职位和角色所组成。舒伯认为人在一生当中必须扮演六种主要的角色，依次顺序为：子女、学生、休闲者、公民、工作者、持家者。各种角色之间是相互作用的：一个角色的成功，特别是早期的角色如果发展得比较好，将会为其他角色提供良好的关系基础；但是，在一个角色上投入过多的精力，而没有平衡协调各角色的关系，则会导致其他角色的失败。

（三）舒伯生涯发展理论的尤点及应用价值

1. 舒伯生涯发展理论的优点

（1）舒伯的生涯发展论综合了差异心理学、发展心理学、自我心理学以及有关职业行为发展方向的长期研究结果，舒伯本人比较喜欢将其理论命名为"差异—发展—社会—现象的心理学"。舒伯汲取了这四大学术领域中有关生涯发展的精华，建构了一套完整的生涯发展理论。其理论观点是现今生涯辅导的重要理论基础，指导目前生涯辅导的具体实施。

（2）舒伯不断地发展与完善自己的理论。以往的舒伯理论大多局限于他的发展阶段和对职业的自我观念论上，这些可以解释个体一生的生涯发展，其涵盖范围很广，但深度略显不够。"生活广度与生活空间的生涯发展即一生生涯彩虹图"的提出，正好弥补了原有的不足。在实际应用方面，一生生涯彩虹图横向的发展阶段、发展任务（生活广度的部分）和纵向的生涯角色的发展（生活空间的部分），交织成一个具体的生涯发展结构，这对辅导时促进个体的自我了解、自我实现，有很大裨益。

2. 舒伯生涯发展理论的应用价值

（1）生涯彩虹图可以很好地表示各个角色的变化。角色之间是互相作用的，某个角色上的成功能带动其他角色的成功；反之，一个角色的失败，也可能导致另一个角色的失败，而且，为了某一个角色的成功付出太大的代价，也有可能导致其他角色的失败。

（2）人的社会任务或职业生活不断变化，角色也随之变化，从一个角色进入另一个角色。角色转换的变化从根本上说是社会权利和义务的变化，而大学生就业后的社会角色转换不是瞬间发生和完成的，而是要有一个过程的。

（3）每一个人的生涯彩虹图都是不同的，所以我们从彩虹图中可以看到不同的生涯规划。

三、施恩的职业锚理论

职业锚理论产生于在职业生涯规划领域具有"教父"级地位的美国麻省理工学院斯隆商学院、美国著名的职业指导专家施恩教授领导的专门研究小组，是在对该学院毕业生的职业生涯研究中演绎成的。斯隆商学院的 44 名 MBA 毕业生，自愿形成一个小组接受施恩教授长达 12 年的职业生涯研究，包括面谈、跟踪调查、公司调查、人才测评、问卷等多种方式，最终分析总结出了职业锚（又称职业定位）理论。

（一）职业锚的含义

所谓职业锚，又称职业系留点。锚，是使船只停泊定位用的铁制器具。职业锚是指当一个人不得不做出选择的时候，他无论如何都不会放弃的职业中的那个至关重要的东西或价值观，实际就是人们选择和发展自己的职业时所围绕的中心。

职业锚也是自我意向的一个习得部分。它是个人进入早期工作情境后，由习得的实际工作经验所决定，与在经验中自省的动机、价值观、才干相符合，达到自我满足和补偿的一种稳定的职业定位。职业锚强调个人能力、动机和价值观三方面的相互作用与整合。职业锚是个人同工作环境互动作用的产物，在实际工作中是不断调整的。

了解职业锚的概念，要注意以下方面。

第一，职业锚以员工习得的工作经验为基础。职业锚发生于早期职业阶段，新员工已经工作若干年，习得工作经验后，方能选定自己稳定的长期贡献区。个人在面临各种各样的实际工作生活情境之前，不可能真切地了解自己的能力、动机和价值观，以及在多大程度上适应可行的职业选择。因此，新员工的工作经验产生、演变和发展了职业锚。换句话说，职业锚在某种程度上由员工实际工作所决定，而不只是取决于潜在的才干和动机。

第二，职业锚不是员工根据各种测试评估出来的能力、才干或者作业动机、价值观，而是在工作实践中，依据自身和已被证明的才干、动机、需要和价值观，现实地选择和准确地进行职业定位。

第三，职业锚是员工自我发展过程中的动机、需要、价值观、能力相互作用和逐步整合的结果。

第四，员工个人及其职业不是固定不变的。职业锚是个人稳定的职业贡献区和成长区。但是，这并不是意味着个人将停止变化和发展。员工以职业锚为其稳定源，可以获得该职业工作的进一步发展，以及个人生物社会生命周期和家庭生命周期的成长、变化。此外，职业锚本身也可能变化，员工在职业生涯的中后期可能会根据变化的情况，重新选定自己的职业锚。

（二）职业锚的类型

职业锚以员工习得的工作经验为基础，产生于早期职业生涯。员工的工作经验进一步丰富发展了职业锚。1978 年，美国施恩教授提出的职业锚理论包括五种类型：自主独立型职业锚、创业型职业锚、管理能力型职业锚、技术职能型职业锚、安全稳定型职业锚。随着职业锚理论的提出，人们逐渐发现职业锚的研究价值，越来越多的人加入研究的行列。在 20 世纪 90 年代，又发现了三种类型的职业锚：挑战型、生活型和服务型。施恩教授将职业锚增加到八种类型，并推出了职业锚测试量表。

1. 技术职能型

技术职能型的人，追求在技术职能领域的成长和技能的不断提高，以及应用这种技术职能的机会。他们对自己的认可来自他们的专业水平，他们喜欢面对来自专业领域的挑战。他们一般不喜欢从事一般的管理工作，因为这将意味着他们放弃在技术职能领域的成就。

2. 管理能力型

管理能力型的人追求并致力于工作晋升，倾心于全面管理，独自负责一个部分，可以跨部门整合其他人的努力成果，他们想去承担整个部分的责任，并将公司的成功与否看成自己的工作。具体的技术功能工作仅仅被看作通向更高、更全面管理层的必经之路。

3. 自主独立型

自主独立型的人希望随心所欲安排自己的工作方式、工作习惯和生活方式，追求能施展个人能力的工作环境，最大限度地摆脱组织的限制和制约。他们宁愿放弃提升或工作扩展的机会，也不愿意放弃自由与独立。

4. 安全稳定型

安全稳定型的人追求工作中的安全与稳定感。他们因可以预测将来的成功而感到放松。他们关心财务安全，如退休金和退休计划。稳定感包括诚信、忠诚及完成老板交代的工作。尽管有时他们可以达到一个高的职位，但他们并不关心具体的职位和具体的工作内容。

5. 创业型

创业型的人希望通过自己的能力去创建属于自己的公司或创建完全属于自己的产品（或服务），而且愿意去冒险，并克服面临的障碍。他们想向世界证明公司是他们靠自己的努力创建的。他们可能正在别人的公司工作，但同时他们在学习并评估将来的机会。一旦他们感觉时机到了，他们便会自己"走出去"创建自己的事业。

6. 服务型

服务型的人一直追求他们认可的核心价值，例如，帮助他人，提高人们的安全感，通过新的产品消除疾病。他们一直追寻这种机会，即使这意味着变换公司，他们也不会接受不允许他们实现这种价值的工作变换或工作提升。

7. 挑战型

挑战型的人喜欢解决看上去无法解决的问题，战胜强硬的对手，克服无法克服的困难障碍等。对他们而言，参加工作或职业的原因是工作允许他们去战胜各种不可能。新奇、变化和困难是他们的终极目标。如果事情非常容易，他马上变得非常令人厌烦。

8. 生活型

生活型的人是喜欢允许他们平衡并结合个人的需要、家庭的需要和职业的需要的工作环境。他们希望将生活的各个主要方面整合为一个整体。正因如此，他们需要一个能够提供足够的弹性让他们实现这一目标的职业环境，甚至可以牺牲他们职业的一些方面，如提升带来的职业转换。他们将成功定义得比职业成功更广泛。他们认为自己在如何去生活，在哪里居住，以及如何处理家庭事业、在组织中的发展道路等方面都是与众不同的。

（三）职业锚的功能

职业锚在员工的工作生命周期中，在组织的事业发展过程中，发挥着重要的功能作用。

1. 使组织获得正确的反馈

职业锚是员工经过搜索所确定的长期职业贡献区或职业定位。这一搜索定位过程，依循着员工的需要、动机和价值观进行。所以职业锚清楚地反映出员工的职业追求与抱负。同样，从职业锚可以判断雇员达到成功的标准。职业成功无一致的定义和标准，因职业锚的不同而不同。对于管理型职业锚的雇员来讲，其职业成功在于升迁到高职位，获得管理更多人的机会和更大的管理权；而对于安全型职业锚的雇员来讲，求得一个稳定地位和收入不低的工作，有着优雅的工作环境和轻松的工作节奏，就是职业成功的标志了。

2. 为员工设置可行有效的职业渠道

职业锚准确地反映员工职业需要及其所追求的职业工作环境，反映员工的价值观和抱负。透过职业锚，组织获得员工正确信息的反馈，这样，组织才可能有针对性地对员工职业发展设置可行的、有效的、顺畅的职业渠道。个人则因为组织有效的职业管理，自身的职业需要得以满足，必然深化对组织有效的职业管理的服从和对组织的情感认同。于是，组织和个人双方相互深化了解，相互交融达到深度稳定的相互接纳。

3. 增长员工工作经验

职业锚是员工职业工作的定位，是贡献区。相对稳定地长期从事某项职业必然能增长工作经验；经验的丰富和积累，即使个人知识扩增，也使个人职业技能不断增强，直接产生提高工作效率和劳动生产率的明显效益。

4. 为员工做好奠定中后期工作的基础

之所以说职业锚是中后期职业工作的基础，是因为职业锚是员工通过工作经验的积累而产生的，它反映了该员工的价值观和被发现的才干。当员工抛锚于某一种职业工作过程，就是他们的自我认知过程，是把职业工作与自我观相结合的过程，并开始决定成年期的主要生活和职业选择。

（四）职业锚的个人开发

职业锚是个人早期职业发展过程中逐步确立的职业定位。从一定程度上说，在职业锚的选定或开发中，员工个人起着决定性作用。在进行职业锚的个人开发的过程中，必须注意以下几点。

1. 提高职业适应性

一般而言，新员工经过认识、塑造、充实规划自我等诸多职前准备，经过一定的科学的职业选择，进入企业组织，这本身即代表了该员工个人对所选择职业有一定的适合性。

但是这种适合性，仅是初步的，是主观的认识、分析、判断和体验，尚未经过职业工作实践的验证。

职业适应性是职业活动实践中验证和发展了的适合性。每个人从事职业活动，总是处于一定的物质环境和心理环境之中，个人从事职业的态度受到诸多主客观因素的影响。例如，个人对工作的兴趣、价值观、技能、能力、客观的工作条件、福利情况、他人和组织对自己工作的认可及奖励情况、人际关系情况，以及家庭成员对本人职业工作的态度等。个人的职业适应性就是能尽快习惯、调适、认可这些因素，也就是员工在组织的具体职业活动中，使职业工作性质、类型和工作条件与个人需要和价值目标相融合，使自身在职业工作生活中获得最大的满足。职业适应的结果能保证员工个人在较长一段时间内从事某种职业活动，而且能保证员工在职业活动中有较高的效率，有利于员工个性的全面协调发展。

因此，员工由初入组织的主观职业适合，通过职业活动实践，转变为职业适应的过程，即是员工搜寻职业锚或开发职业锚的过程。职业适应性是职业锚的准备或前提基础。

2. 发展职业角色形象

职业计划表是一张工作类别结构表，是将组织所设计的各项工作分门别类进行排列，形成一个较系统反映企业人力资源配给情况的图表。员工应当借助职业计划表所列职工工作类别、职务升迁与变化途径，结合个人的需要与价值观，实事求是地选定自己的职业目标。一旦瞄准目标，就要根据目标工作职能及其对人员素质的要求有目的地进行自我培养和训练，使自己具备从事该项职业的充分条件，从而在组织内树立良好的职业角色形象。

职业角色形象是员工个人向组织及其工作群体的自我职业素质的全面展现，是组织或工作群体对个人关于职业素质的一种根本认识。职业角色形象构成主要有两大要素：一是职业道德思想素质，通过敬业精神、对本职工作热爱与否、事业心、责任心、工作态度、职业纪律、道德等来体现；二是职业工作能力素质，主要看员工所具有的智力、知识、技能是否胜任本职工作。员工个人应当从上述两个主要的基本构成要素入手，很好地塑造自己的职业角色形象，为自己确定职业锚位创造条件，奠定基础。

3. 培养和提高自我职业决策能力和决策技术

自我职业决策能力是一种重要的职业能力。决策能力大小、决策正确与否，往往影响整个职业生涯发展乃至一生。在个人的职业发展过程中，特别是职业发展转折关头，例如，首次择业、选定职业锚、重新择业等，具有强制职业决策能力和决策技术十分重要。所以，个人在选择、开发职业锚之时，必须着力培养和提高职业决策能力。

所谓自我职业决策能力，是指个人习得的用以顺利完成职业选择活动所需要的知识、技能及个性心理品质。培养和提高个人的职业决策能力，主要体现在这些方面：①善于搜集相关的职业资料和个人资料，并对这些资料进行正确的分析与评价；②制订职业决策计划与目标，独立承担和完成个人职业决策任务；③在实际决策过程中，不是犹豫不决、不知所措、优柔寡断，而是有主见性，能适时地、果断地做出正确决策；④能有效地实施职业决策，能够克服计划实施过程中的各种困难。

职业决策能力运用于实际的职业决策之时，需要讲求决策技术，掌握住决策过程。

（1）搜集、分析与评价各项相关职业资料及个人资料，这一工作即是对几种职业选择途径的后果与可能性的分析和预测。

（2）对个人预期职业目标及价值观进行探讨。个人的职业价值倾向、职业目标是什么，类似的问题并非每个人都十分清楚。现实当中，经常会发生价值观念不清、不确定的情况。所以，澄清、明确和肯定个人主观价值倾向与偏好当为首要，否则无法做出职业决策。

（3）在上述两项工作的基础上，将主观愿望、需要、动机和条件，与客观职业需要进行匹配和综合平衡，经过权衡利弊得失，确定最适合、最有利、最佳的职业岗位。这一决策选择过程是归并个人的自我意向，找到自己爱好的和擅长的东西，发展一种将带来满足和报偿的职业角色的过程。

（五）职业锚理论对大学生职业生涯规划的意义

1. 帮助学生准确进行自我定位

职业锚是内心深处对自己的看法和自我定位，是人们选择和发展自己的职业时所围绕的中心，能指导、约束或稳定个人的职业生涯，它决定着个人职业生涯的方向，也决定着职业生涯规划的成败。因此，大学生职业生涯规划的首要环节就是自我分析、自我定位。大学毕业生求职之前先要进行职业生涯规划，进行职业生涯规划之前先要进行自我定位，先要弄清楚自己想要干什么、能干什么，自己的兴趣、才能、学识适合干什么。通过自我分析与可靠的量表工具的测量，评估出自己的职业倾向、能力倾向和职业价值观。

2. 帮助学生认知职业生涯规划的动态性

一个人的职业锚是在不断变化的，它实际上是一个不断探索过程所产生的动态结果。有些学生也许一直不知道自己的职业锚是什么，但他们在借助学校提供的各种平台进行实践探索的过程中，增长了技能、兴趣、实践经验，他们的自我评估会随之更加全面和准确，在做出某种重大职业选择的时候，就能逐渐认识到自己的职业锚是什么。同时，学生在实践中了解到当今社会正处于激烈的变化中，他们的就业观念也需要发生相应的转变，职业生涯规划也应随之调整。所以，环境的变化导致自我观念的变化，个人职业锚也会相应发生变化，学生认识到不能一次性地把终身职业生涯的每一个具体细节都确定下来，职业规划是一个长期并且动态的过程。

3. 帮助学生把握职业生涯教育的重点内容

从职业生涯发展过程来看，职业生涯发展一般经历以下五个阶段：职业准备期、职业选择期、职业适应期、职业稳定期和职业结束期。大学生职业生涯规划的侧重点在前三个阶段。职业锚理论可以帮助大学生了解大学职业生涯教育的价值和意义，引导大学生对职业进行物质、心理、知识、技能等各方面的充分准备；同时，帮助毕业生根据有关分析，结合自己的职业锚，客观的做出职业选择，帮助他们建立合理的心理预期，从而尽快适应从校园学生向社会职业人的转变。

第三节　职业生涯规划理论与原则

一、职业生涯

（一）职业生涯的内涵

"职业生涯"是指一个人一生从事的职业历程。在 20 世纪初，社会发展相对稳定，一个人从事某职业之后，基本上不大改变，职业生涯的概念与职业或工作几乎没有什么差异。以后，随着社会经济的发展，社会变更加快，职业稳定性相应降低，不少人一生中可能会多次变换职业。这时，人们对职业生涯有了新的认识，注重其发展性，强调职业的发展变化。

就目前而言，不同的学者对职业生涯的定义与内涵解读存在着一定的差异，所以我们可以根据不同的角度来对职业生涯进行较为全面的分析。从担任职务的历程来看，职业生涯是指一个人职业发展与进步的过程，也可被看作企业内部的等级晋升；从工作经历方面来看，职业生涯是一个人一生工作经历的总和，包括其在企业生活中从事过的各种工作以及获取的职业经验；从个人的主观因素方面来看，我们也可将职业生涯理解为个人对自己职业的规划和事业理想等。

虽然职业生涯有着各不相同的内涵与定义，但我们可以从中窥探到人们对职业生涯认识的共同之处，即指一个人在其整个生命过程中所从事的全部工作和获得的工作经验与技能的总和。从时间角度看，职业生涯包括一个人有意识地对自己的职业进行规划、准备、从事职业、改变职业、推出劳动的全过程。在这一过程中，职业经验的积累既可以是连续的，也可以是间断的。一些人认为，大学生尚未真正进入职场，因此不可能对自己做出有实施价值的职业生涯规划，其实这种说法并非完全正确。虽然大学生没有积累一定的职业体验，但在进行专业学习的过程中已经获得了初步的职业技能，并对本专业相关的工作性质有了大致的了解。并且，大学生正是进行职业兴趣培养和树立职业生涯规划的关键时期，是走入社会从事不同职业的准备阶段，因此能够做出初期的职业规划。

综上所述，作为一种客观存在，职业生涯的内涵主要有四方面的内容。第一，职业生涯是一个个体概念，指一个人一生的职业经历，而非群体或组织的职业经历。第二，职业生涯是一个职业概念，是一个人所有职业历程的总和。第三，职业生涯是个时间概念，指一个人的职业生涯期。每个人的职业生涯期都不一样，因个体因素而或长或短。第四，职业生涯是一个动态发展的概念，指一个人的工作内容和职位的变化。因此，职业生涯不仅包括工作时间的长短，还包括工作变化和职位发展，包括从事何种职业，职业发展的阶段，职业的转换、晋升等具体内容。

（二）职业生涯的分类

职业生涯主要可以分为两类：外职业生涯和内职业生涯。

1. 外职业生涯

外职业生涯，是一个人在一生的职业生涯中经历的职务变化和积累的物质财富的总和。外职业生涯反映出一个人从事工作时的工作单位、工作内容、工作职务、工作环境、工作地点、工作成就、社会地位、荣誉待遇等因素的组合以及变化过程，也包括由职业各个阶段所构成的通路。

有的人致力于追求外职业生涯的成功，为"名利"所累，却容易忽视个人自身素质的发展与提高（内职业生涯）。同时，外职业生涯通常是由别人决定、给予和认可的，会受到一些个人无法左右的外在因素制约，因而职场上的激烈竞争或不公正的社会环境往往会使一些人士感到怀才不遇。尤其是在职业生涯初期，外职业生涯因素的取得往往与自己的付出不符。

2. 内职业生涯

内职业生涯，指一个人在整个职业生涯中通过不断工作而提升自己的职业素养以及获取工作能力和技能的总和。内职业生涯反映了一个人在职业生涯中所具备的知识、经验、观念、心理素质、能力、内心感受等因素的组合及其变化过程。内职业生涯更关注个体，重视个体在职业生涯中取得的成功和实现的工作理想与家庭责任、义务以及个人生活之间的动态平衡。内职业生涯是别人无法替代和窃取的人生财富。其各项因素的取得，如个人职业能力的提升等，虽然可以借助外界帮助，但主要依靠自己的努力追求、不断摸索、刻苦学习而得以实现。

内职业生涯的各个构成因素具有不可剥夺和收回的基本特性，这一点与外职业生涯的各构成因素有着本质的区别。换而言之，在一个人职业生涯过程中所获得的职务等，都只是一种表象，一旦职业环境改变，便会失去。而在工作过程中逐渐积累的职业经验、获得的知识、掌握的技能、培养的品德等，则会转化为个人生命中重要的财富，是不会失去，也不可被剥夺的。内职业生涯是外职业生涯发展的前提和基础，也是促进外职业生涯发展的有力推动。

所以无论在职业生涯的任何一个阶段，首先要重视对自己内职业生涯的规划和发展，尤其在职业生涯的初期和转型期，内职业生涯的各个因素对整个职业生涯都起着重要的作用。

总而言之，内职业生涯具有主观性，其对客观的外职业生涯能够产生重要的影响；而外职业生涯也会反作用于内职业生涯，即为内职业生涯的发展提出新的要求，并促使内职业生涯的快速提升。在绝大多数情况下，外职业生涯都会受到较大的环境影响，因此在环境改变时容易被剥夺；而内职业生涯的发展主要取决于个人的努力，因此不会轻易丧失。这就要求大学生在校期间，要努力提升自己的内职业生涯要素，为毕业后外职业生涯的发展奠定基础，才能实现内外职业生涯的"无缝对接"。

另外，根据每个人职业生涯不同的变化特点和状态，还可以将职业生涯分为传统性职业生涯和易变性职业生涯。传统性职业生涯的特点是比较稳定，从事传统性职业生涯的人不会经常改变行业。例如一个人最初从事技术员，经过不断的学习和工作经验的积累，逐渐晋升为助理工程师、工程师或者高级工程师。这种职业生涯一生只从事一个行业，因此被称为传统性职业生涯。易变性职业生涯是指随着一个人工作兴趣、工作能力、个人价值观的不断变化，而改变自己的工作环境和工作行业。从事易变性职业生涯的人可能从事多种行业。例如最初从事技术员，之后又从事管理工作、金融或网络工作等。

（三）职业生涯的发展阶段

可以根据时间及发展顺序的不同，将人的职业生涯分为不同阶段，每个阶段都有着各自的职业发展目标和任务。职业生涯发展阶段理论最初由西方职业管理学家和心理学家提出，例如金斯伯格、萨帕、格林豪斯和施恩的理论等，这些学者的理论在学术界最具代表性。此外，还有里文森的"六阶段说"、罗宾斯的"五阶段说"等，也获得了不少职场人的认可。这些理论主要研究人在职业生涯的不同阶段中进行的职业行为等问题。主要包括职业生涯的划分、职业适应和职业发展任务等，相关的研究成果对职业发展指导有着积极意义，标志着职业辅导理念的革新和职业辅导方式的细化发展。

就职业生涯发展阶段的划分方式而言，目前认可度最高的是由美国著名的职业管理专家萨帕提出的五分法。萨帕为研究这一问题进行了长达20年的调研与实验，并总结出人生完整的职业发展阶段模式。萨帕的研究从人的终身发展角度入手，提出了自身的职业发展理论。他将人的一生分为成长阶段、探索阶段、立业与发展阶段、维持阶段和衰退阶段，同时总结了不同发展阶段的发展特点。

大学生正处于职业探索的重要阶段。这一阶段中，大学生对自己职业的规划往往以兴趣爱好为主要引导，而这一阶段的目标就是将自己的职业爱好转化为具体的职业定向。为此，大学生首先要广泛参与各种校内外活动，一方面培养自己的兴趣爱好和特长，发掘自身优势；另一方面要培养自己的综合实践能力，这样能够使未来选择职业时有较大的弹性。

职业探索阶段又包括以下三个时期。

1. 尝试期（15~17岁）

尝试期的职业选择主要是通过幻想、探讨、课外活动等方式进行，由于青年阶段的学生尚未接触职业生活，尽管在进行职业规划时会考虑到个人需要、个人能力及就业机会等多种因素，但还是会以个人兴趣为主要向导。所以，这一时期青年学生的职业规划任务就是明确自己的职业偏好。

2. 过渡期（18~21岁）

过渡期是个人进入劳动力市场或专门的培训机构，更多地考虑现实并试图补充对自我认知的看法。该时期的发展任务是明确一种职业倾向，将一般性的选择转为特定的选择。

3. 实验和初步尝试期（22~25岁）

在实验和初步尝试期，个人已经初步确定了职业方向，并开始真正进入职场。一旦选定了从事的行业，那么可选择的工作范围就会缩小，并且只会更多考虑能提供给自己机会的工作。但由于之前对自己的职业规划是建立在想象的基础之上的，所以在进入职场后，难免会感到理想与现实之间的差距。因此，这一阶段对职业的选择具有实验的性质，所作出的职业决定仍然是暂时的。这就是为什么刚刚毕业的大学生普遍会频繁地更换工作。这一阶段的主要任务是实现一种职业倾向，发展一种现实的自我认知，了解更多的机会。现实中，职业生涯是一个动态发展的持续性过程，每个阶段之间没有明确的分界，而且还常常因个人自身条件和成长环境的差异而或长或短，甚至出现阶段反复进行的现象。因此，萨帕的职业发展理论在现实指导方面面临着较大的困难。

美国著名的职业指导专家金斯伯格曾专门针对青少年的职业心理发展进行了深入细致的研究。他对出生于美国富裕家庭的儿童，从幼年到成年的职业想法与目标进行了调查，并根据调查结果将职业生涯分为幻想期、尝试期和现实期三个阶段。金斯伯格的研究重点在于刚进入职业生涯时人们的职业意识或职业追求的发展变化过程。而另一位著名的职业指导专家格林豪斯则与金斯伯格的观点不同，他认为职业生涯的划分不能仅仅依据年龄的不同，而要以不同职业生涯所面临的主要职业任务为角度，他以此也提出了自己的职业划分理论。格林豪斯将人的职业生涯分为职业准备阶段、进入组织阶段、职业生涯初期、职业生涯中期和职业生涯后期五个阶段。同时，美国著名职业管理学家、心理学家施恩，则将人在组织中的角色与定位作为职业生涯规划中的重要因素，并将其与职业生涯阶段的划分相联系，将职业生涯分为成长探索、进入工作世界、基础培训、早期职业的正式成员资格、职业中期、职业中期危机、职业后期、衰退和离职、退休九个时期，即所谓"九分法"。施恩的职业划分更加强调职业行为的发展和职业状态的重要性，这一分类标准显然更加准确明了。虽然施恩的职业阶段的划分也基本依据年龄增长的顺序，但他并没有完全受限于此，更多的还是依据职业状态、任务、职业行为的重要性进行的。

以上几种职业生涯阶段划分理论各有侧重、各有优势，虽然具有很多不同，但同时他们都认为，一个人的职业选择伴随着他们成长发展的一生，在不同的职业发展阶段，应该进行不同形式与内容的职业指导。尽管不同研究学者的理论有所区别，但他们彼此之间也具有相互联系的密切关系，前一阶段的发展情况会对下一阶段产生重要影响，并以"职业成熟"来评判人员的职业成功程度。上述理论都强调人们的职业心理是一个动态发展的过程，个人与职业的契合要经过多次的尝试才能最终实现，并从动态角度来研究人的职业行为和职业发展阶段。对于具体的个人来说，这些理论都比较空泛，无法对实际的职业生涯进行直接指导与决策，但划分清楚职业生涯，有利于个人明确不同发展阶段的重点，进而推动个人职业生涯的发展。

二、职业生涯规划

20 世纪中叶，美国职业管理学家布里奇特·A. 赖特在其所著的《成功的职业生涯规划》中正式提出了"职业生涯规划"这一概念。但对这一概念的内涵，不同的学者仍有大同小异的各种看法。

职业生涯规划又叫职业生涯设计，具体来讲，就是对个人的职业生涯发展提前进行计划和安排。如果要进一步对其进行解释，则可以说，职业生涯是指个人在不断了解自己主观愿望和客观环境条件的基础上，通过分析、测定和总结，对自己的职业发展设立目标，并据此选择特定的职业发展道路。大到人生事业目标的确立，小到每天工作计划、学习进程的安排等，都是职业生涯规划的重要组成部分。可见，职业生涯规划是指个体为未来职业发展所做的一种分析、策划和准备。

显然，这个概念所指的只是个人职业生涯规划。根据定义，我们可以看出职业规划的五大要素：知己、知彼、抉择、目标、行动。

首先，职业生涯规划要对每个人的特点和差异进行分析；其次，对个人所处的外界环境和社会条件进行分析；最后依据分析结果为每个人量身制定符合的职业生涯奋斗目标，进而选择为了实现这一目标而从事的行业，制订具体的工作、学习与培训计划，对每一步计划的时间、内容和方法都做出尽可能细致的安排。"职业生涯规划是不断探索和发展的人生长远计划，有利于塑造成功的人生，人的不同时期，职业生涯任务不同，根据自己人格、兴趣爱好、价值观，人一生不同时期的特征、能力、环境以及行业的现状和发展前景，确定职业生涯规划。"①

（一）职业生涯规划的形态与特点

1. 职业生涯规划的形态

职业生涯规划根据组织形态的不同，主要可以分为组织职业生涯规划和个人职业生涯规划两种。其中，组织职业生涯规划是指一个组织的人力资源管理部门，以满足组织发展需要为基本目的而进行的一系列管理活动。这种规划的主体是组织，在规划过程中注重组织成员与团体发展的结合，进而制订有关员工事业发展的战略设想与计划安排。如根据组织确定的员工发展目标编制员工的工作、教育和培训的行动计划等，以充分挖掘员工潜力，激励员工，并留住优秀人才。其根本目的是为了组织（企业）的发展。其实在最初，职业生涯规划就是企业作为组织的人力资源管理的一项重要内容而实施的，以后才进入学校职业辅导领域。

个人职业生涯规划属于个人的主动行为，其以个人为出发点，对个人在不同阶段与职

---

① 张四平. 浅谈职业生涯规划 [J]. 经济师，2023（3）：264.

业相关的事件进行计划和安排。包括职业准备期的专业选择、技能培训以及具体工作的选择和调整等。对于大学生而言，目前正处于职业准备阶段，自己未来的工作方向和工作单位都无法确定，所以可以暂时不考虑组织的发展要求。在校大学生应该将关注点放在挖掘自己特长、培养自身兴趣爱好上，并经常关注社会就业形势，分析社会需求，在此基础上综合考虑自己未来的职业定向。

另外，职业生涯规划按时间形态还可划分为短期规划、中期规划和长期规划。时间在一年以内的规划为短期规划，主要是制定短期目标，安排并实现短期内的任务；时间在2~5年的规划为中期规划，主要在短期规划的基础上进一步制定目标；时间在5年以上则为长期规划，主要是制定长远的目标。

2. 职业生涯规划的特点

（1）个性化。个性化是职业生涯设计最重要也是最突出的特点。不同的个体有着不同的思想与职业发展方向，因此每个人的职业生涯规划都是独一无二的，其中，个人是职业生涯设计发展与管理的主要角色。此外，职业生涯规划不是个人在外界的干涉下强制制定的，而是要依靠个人内心强大的职业发展动力，这种发展一定是个人化的。因此，职业生涯规划也一定是个性化的。

（2）指向性。指向性是指职业生涯规划可以通过制定目标、确立方法、从而有针对性地分阶段指引个人实现职业生涯目标。

（3）开放性。一个人要完成自己的职业生涯规划，必须要经过一个漫长而复杂的过程，这一过程包括对各种职业的了解、对个人兴趣的培养、对个人能力的提升、对社会需求的分析等，当这些过程完成后，还必须经历实践的过程，并根据实践的结果来对自己的职业规划作出调整。所以，尤其对于大学生而言，职业生涯规划绝不可以"闭门造车"，且通常要经过多次调整才能逐渐成形。在进行职业规划的过程中，我们首先要对自己的各种素质和特征有一个较为客观和全面的了解，并充分利用各种信息来对自身和外部的相互关系进行分析，即便是确立后的职业生涯规划，也可以根据现实状况的改变随时做出调整，这便是开放性的主要体现。

（4）可行性。可行性也叫操作性。职业生涯设计包括一套解决个人职业发展问题的操作方案，包括明确的行动时间、方案以及具体的操作方法。同时，职业生涯规划必须遵循客观事实，其行动方案必须具有可行性，否则将会影响职业生涯发展。

（5）持续性。持续性也可称作适时性。职业生涯规划的各项行动都应有时间和次序上的妥善安排，不同的发展阶段之间应该能够持续连贯衔接。

（6）预期性。同所有的规划一样，职业生涯规划就其本质上说仍然是基于现实环境与条件预测未来并形成和实施行动方案的过程。在这个过程中，规划主体的预期是至关重要的。

（7）适应性。适应性主要是针对职业生涯规划的执行过程而言的，所谓适应性，即指在职业发展的过程中，人对自己的职业规划会根据现实工作环境的改变而改变。事实上，任何一种规划行为都是对未知事物的预测，所以其中本身就存在着不少的变化因素，且通常无法被规划者操控。所以，在制定职业生涯规划时，就要将各种可变因素考虑进去，尽量增大规划本身的弹性，提高其适应不确定变化的能力。加之，职业规划本身就是在实践中不断完善的，只有以动态的、灵活的思维来规划职业生涯，才能够为自己谋取更好的职业发展道路。

（二）影响职业生涯规划的因素

影响职业生涯规划的因素很多，就其来源而言，可以分为个人因素、社会组织因素、环境因素等方面。

1. 个人因素

个人因素包括了个人的家庭环境、社会地位、受教育经历、工作生活经历、个性特征等多个方面。这些因素共同决定着一个人的思维方式、价值取向以及行为准则，而这正是影响个人职业选择的重要方面。

2. 社会环境因素

个人因素的形成在很大程度上取决于其生活的环境，例如家庭氛围造就了学生的基础个性和基本生活习惯，学校环境培养了学生的学习习惯、提升了学生的知识水平和能力，人际环境塑造了学生的交往模式、影响学生对他人的评价方式等。同理，外部社会环境对大学生的职业生涯规划也产生了重要影响，具体可分为三个层面：一是家庭与成长环境的影响；二是企业与组织环境的影响；三是社会政治、经济、技术、文化环境的影响。

3. 组织因素

多数人的职业生涯离不开组织，组织在其职业生涯管理的过程中必然对个人职业生涯规划产生影响。这种影响来自组织规模，组织历史沿革与文化氛围，组织发展战略，组织对职业生涯的认识、管理方式和制度，组织在职业生涯管理中投入的资源，岗位补充方式，教育培训等方面。

4. 其他因素

其他因素包括机遇、朋友或同龄群体的影响等。尤其是机遇。虽然它可遇不可求，但却可能对人的职业发展产生重大的影响；虽然具有偶然性，但"机遇只青睐有准备的人"。机遇青睐的是高素质、有准备的人；谁素质高，谁有准备，谁才有条件能把握机会、获得机会。当然，认识机会、抓住机会也很重要。

（三）职业生涯规划的内容

职业生涯规划的内容包括主要包括职业生涯早期规划、职业生涯中期规划以及职业生涯后期规划。每一阶段都要认识其主要特征，识别主要问题，并进行有针对性的行动方案设计和措施安排。

职业生涯规划的内容主要包括：①对职业选择进行研究，评估个人的职业能力、分析不同职业任职条件和发展趋势以及社会环境的变化等；②设定职业生涯的目标，制定发展路线；③研究职业生涯发展策略，制定详细且具有可操作性的实施方法；④进行职业生涯规划的动态调整；⑤职业生涯规划评估和反馈。

一个较完整的职业生涯规划包括以下十方面的内容。

第一，题目：应该有姓名、起止年限、年龄范围等内容。

第二，职业方向及总体目标：从业方向、职业类别、职业岗位和长远目标。

第三，社会环境分析的结果：对就业环境、经济环境、法律环境分析以及对行业发展前景的分析等。

第四，企业分析的结果：在进入一家企业之前，首先要查找企业相关的资料，包括企业发展历史、企业近期发展现状、企业推出的产品、企业近年来经济效益、企业下一步发展计划等。在对企业业务有基本了解后，再进一步了解企业的管理制度、企业文化、领导人职业成就及行事风格等，并将这些分析结果与自身情况和自身期望相比较，综合预估自己在该企业中的未来发展，包括能胜任何种职务、是否有晋升渠道、能够获得培训机会、薪资待遇是否有上升空间等。

第五，自身条件及潜力测评的结果：了解自己的目前状况和发展潜能。将自身具备的条件、潜能与面临的发展机会和限制条件进行比较，知道自己已经做了什么，自己想要做什么，自己能做什么。

第六，角色建议：记录对自己职业生涯影响最大的一些人的建议。对家庭主要成员、直接上级、职业生涯管理专家、更高层次领导的建议和要求，应客观地记录备用。

第七，职业方向和目标：职业的选择和在职业发展过程中要达到的水平，包括职务目标、能力目标、成果目标、经济目标。显然，这些目标还必须同时具有时间目标。从时间特性上看，职业生涯目标包括可预见的最长远目标，但还应当分解为一些可逐步实现并相互关联的具体的阶段目标。实现阶段性目标，是实现个人长远目标的实际步骤。

第八，成功标准：衡量内职业生涯和外职业生涯方面的成功标准。内职业生涯是因，外职业生涯是果，应当努力实现内、外职业生涯的平衡。

第九，差距：主要指自身目前的条件和实现职业目标必备的能力之间的差距。

第十，缩小差距的方法及实施方案：根据自己的差距内容，实施不同的解决方案。如制订教育培训实施计划，根据能力差距和目标分解确定教育培训的具体内容、日期、地点、方式等。

（四）大学生职业生涯规划的特点

大学生职业生涯是指大学生根据自身条件和生活学习环境状况，为实现人生职业理想而制定的行动规划，以及采取的实际行动。大学生职业生涯规划，首要的目的是提升自身的社会生存能力和就业竞争力，为未来的职业发展铺平道路。作为高校，应当对学生在职业生涯规划的过程中给予全面的指导，避免不必要的弯路和麻烦。萨帕的职业生涯发展理论认为，大学生正处于职业探索阶段，在这一阶段，大学生尽管也会考虑现实社会需求，但更多的是考虑如何满足自我愿望。因此高校要引导学生逐步形成正确的职业观念，让学生进行自我检视、角色尝试、职业探索、休闲活动与兼职工作，鼓励学生走出校园进行职业探索。

大学生职业规划具有以下特点。

1. 个性化

个性化是职业生涯规划最重要的特点。大学生应该具有独立思维和不同的职业目标，在职业生涯规划中体现出个性和内涵，切勿人云亦云，做什么事情都是一窝蜂。现在很多同学看别人考证书，不管自己的专业特点和个人实际情况，一味地跟着别人考。拥有职业资格证和真正掌握这门技术并不是对等的，而且现在各种职业资格证层出不穷，质量也参差不齐。花几百元钱、用一学期就拿到一个证书，显然说明不了什么。许多资深人力资源管理专家都表示，一个企业的招聘者，通常在间断的面试交流中，更关注的是求职者的专业素养与岗位是否匹配，以及其在问答过程中的谈吐表现和个人素质的流露。而当一名员工正式入职之后，企业更重视新员工真正的工作能力，这不是一张简单的证书就能证明的。

2. 指向性

职业生涯规划是通过制定职业目标，确定实现路径，从而指引学生逐渐实现个体目标。职业生涯规划的起点是确立人生目标和自身发展方向，这虽然是一个渐进性的过程，但在职业生涯规划中发挥着重要的作用，因此必须引起足够的重视。

3. 操作性

职业生涯规划在于解决大学生个体能力和职业需求之间的不平等与矛盾，因此在具体的行动方向、时间、职业素质与方法培养途径中要结合大学生个体不同的个性化特点，具备一定的可操作性。

4. 长期性

职业生涯规划不是一次短期性的就业指导，它关系到一个人一生的发展，与他的职业生涯有着密切的关系，具有强烈的相关性与连续性。因此，大学生在制定职业生涯规划时必须要有长远的目光，将规划的时间跨度拉长一些，切不可只考虑眼下的既得利益。

三、大学生职业生涯规划的原则

大学生通过对自己的职业生涯进行规划，主要目的是尽快改变自己刚刚踏入校门后迷茫无措的心理状态，让自己尽快进入自主学习状态，使自己的大学生活充实而无憾。因此，只有明确了自己的职业发展方向，才能够制订出具体的奋斗计划，并在日常学习过程中，将自己的专业技能学习与个人综合素质培养相结合。通过明确职业生涯目标，能够激励学生奋发图强，使其在大学期间坚定信念，防止在迷茫心理状态下盲目跟风，甚至误入歧途。当然，大学生的职业生涯规划绝不是一蹴而就的，必然要经过长期的实践过程，在进行职业生涯规划时应考虑以下原则。

（一）目标性与系统性原则

随着社会结构的日益复杂和教育结构的不断调整，大学生必须要适应社会提出的复合型要求，才能在职业发展道路中走得更远。所以，在进行职业生涯规划时，大学生要从以下三方面入手。

首先，端正思想，遵循目标性和系统性原则，不可操之过急。具体来讲，大学生首先要认真进行本专业的学习，只有在完全了解专业特性后，才能够对自己是否能够胜任本专业的工作做出准确的判断。

其次，在日常的学习生活中，要注意对个人的综合素质进行培养，并通过广泛参与各种校内外实践活动，发现自己的优势，并对自己的当前状态与理想状态之间的差距进行客观评估。

最后，根据评估结果，确立职业发展的起点，只有明确起点之后，才能够将一切职业规划落到实处。职业生涯规划是一个系统工程，是多元化目标有机结合的系统，

大学生在进行职业生涯规划的同时一定要认识到各目标实现之间可能存在的矛盾与冲突。比如，专业学习和社团活动等方面存在冲突，进行规划和实施计划时一定要协调好这两方面。

（二）动态性与可调性原则

职业生涯规划制订后，不是一成不变的，而是会动态调整的。职业生涯规划的动态性至少包含以下三个层次的含义。

第一，职业目标可能变动。随着个人自身的特点或环境因素发生变化，原来的职业目标可能不再适合自己。

第二，职业计划实施可能需要调整。已经发现职业计划实施不再具有操作性，则应当调整。比如发现原来的计划实施有难度，就应该降低操作难度。

第三，社会职业的需求发生了变化，原来的行动方案应做出必要的调整以适应新的需求。在这个过程中，实时的监控与动态的调节对保证职业生涯目标的实现与职业活动的绩效是必需的。

（三）结合所学专业规划职业生涯的原则

通常情况下，绝大多数的同学都希望毕业后从事与所学专业相关的职业。在大学中，每个学生都有自己的专业，每个专业都有不同的培养目标、教学计划和就业领域，这是大学生职业生涯规划的基本依据。专业区别越大，往往从事的职业区别也越大。如果大学生在求职时无法从事与本专业相关的职业，那么就必须付出一定的职业转换成本。因此，必须首先了解自己的专业，分析专业特点与优势，提高自身的专业知识与技能水平，这样才能将职业生涯规划得更加完美。大学生要以自身能力和专业特色为指导，争取实现职业与专业的匹配。

（四）可行性原则

可行性原则是指目标不要定得太高，不要太超出自己能力范围；否则一旦难以实现，就会挫伤自己进一步实施职业生涯规划的积极性。再者，制订的实施方案应该具有可操作性，不能纸上谈兵。

（五）多元化与多主体评价原则

大学生职业活动的成绩评价准则往往具有灵活性和复杂性。因为每一位学生都是独立的个体，其参与实践活动的成果受到个体因素的影响。要对大学生的职业活动进行评价，通常会从以下两方面入手。

第一，学生在校期间专业课学习的成绩。但绝大多数情况下，专业课的考核都以理论知识为主，所以专业课成绩无法完全证明一个学生的职业能力，学生所获得的证书也无法证明其在某一方面的工作能力十分突出。

第二，学生在校期间参与的校内外工作实践的成绩。与专业课学习成绩相比，学生参与校内外职业实践的成绩很难做出十分严格的评价，因此通常是根据学生参与实践活动过程中所胜任的职位来评价。

对大学生进行职业活动评价应当兼顾学生内部评价、学生自我评价、教师评价和用人单位评价四个方面。这四方会分别站在自己的角度对学生的职业能力进行评价，因此无论是评价的标准还是结果往往都具有一定的差异性，这也为学生提供了多维度自我检测和自我认识的渠道，从而帮助学生以综合、全面的视角审视自己，并做出最佳的职业选择。

第四节 职业生涯规划教育的意义

一、职业生涯规划的作用

（一）帮助个人确定职业发展的目标和方向

职业生涯规划可以帮助个人对自我进行全面的分析，从而认识自己，了解自己的特点和兴趣，评估自己的能力、优势和不足。在设计和规划职业的过程中，通过对客观环境的分析，可以明确自我职业发展的方向，正确选择自我职业目标，并运用适当的方法，采取有效的措施，克服职业生涯发展中的困难和障碍，使自己的才能得到充分发挥，从而获得事业上的成功，实现自己人生的理想。

（二）职业生涯规划能够促进个人工作努力

职业生涯规划就好像给自己树立了一个明确的"标靶"，唯有明确目标，才能奋勇直进。随着个体职业生涯规划内容的逐步实现，会进一步增强个体对目标实现的成就感，提升个体向新的目标前进的动力。制订和实现职业生涯规划就好像一场比赛，随着时间的推移，一步一步地实现所制订的规划。在这一过程中，个体的思想方式和工作方式又会不断地获得完善和发展。

（三）职业生涯规划有助于个人抓住工作重点

制订职业生涯规划的一个重要的作用就是有助于个人合理地安排日常工作，评价工作的轻重缓急。没有职业生涯规划，就很容易被日常事务所缠绕，甚至被日常琐碎的事务所掩埋，无法实现人生目标。通过职业生涯规划的制订，能够使我们紧紧抓住工作的重点，增加成功的可能性。一个人要想成就一番事业，只有树立明确目标，抓住工作重点，才会有意识地在工作重点上下最大的功夫，为工作的需要创造最有利的条件，从而取得成功。

（四）职业生涯规划能够激发个人潜能

职业生涯规划能够帮助个体集中精力，为实现自己的职业目标尽可能地发挥个人的潜力。大量的生活事实证明一个人的潜能是无限的，需要个体充分地去挖掘和开发。但并不是任何人都在某些方面具有得天独厚的天赋，唯有善于激发个人潜能，才能更好地实现自身能力的提高和完善。

二、职业生涯规划对大学生的意义

"我国高等教育整体规模不断扩大，大学生数量逐年提升，与此同时大学生所面临的职业竞争也更加激烈，由于目前整体竞争形势的性质，因此在就业过程当中，大学生的职业规划显得尤为重要，只有做好职业规划，大学生才能够对未来做好整体的规划，实现教育资源的有效转化。"[①] 通过职业生涯规划，可以把"我想做的事情"和"我能做的事情"有机结合起来，在客观分析自身和外界环境之后，制订出科学可行的、个性化的方案，实施这个方案，将会使自己的优势得到最大程度的发挥，需求得到最大程度的满足。

对大学生来说，认清自己，就迈出了职业规划的第一步。以此为起点，第二步就需要我们针对职业领域进行探索，最后一步则是将各方面的静态与动态的信息进行整合，确定行动计划并付诸实践，解开就业的困惑，为个人一生的成功和幸福奠定坚实的基础。

职业生涯规划有突破障碍、开发潜能和自我实现三个积极的目的。一个人最大的幸福

---

① 窦凯. 大学生职业规划意识的强化及价值探讨 [J]. 教育现代化，2019，6 (89)：147.

就是能以自己选择的方式生活。"择其所爱，爱其所择"的结果会使一个人以己为荣，并呈现出圆融、丰足、喜悦、智慧和充满创造力的气质。

（一）有助于掌握自己的命运

一般来说，人的一生中有四大领域需要规划：工作、学习、休闲和家庭。各个领域相互关联，每个领域都需要花费心思、科学规划。当一个人拥有明确的规划时，面对重要选择才不会受他人左右，什么是自己想要的，哪个方向离目标更近，都能做到心中有数，不会走弯路。清楚地认识到自己的人生目标和每个阶段的重心，才能成为一个真正掌握自己命运的人。大学生只有借助职业生涯规划，才能把握住每一个可能成功的机遇，才能认识自我、发展自我、完善自我，培养个人的素质和修养，设计自己一生职业发展的最优路径。

（二）有助于发掘自我潜能

职业生涯规划是一个意识问题，它会唤醒大学生主动的自我探索意识，让大学生掌握和搜索更多的信息。家长和大学生在高中阶段将"上大学"视为人生的最大目标。因此，学生进入大学之后就失去了未来生活的目标，也失去了学习的动力，而大学是一个为今后从事某一职业进行积累和准备的阶段，大学生要去考虑将来成为一名职业人所需的能力和素质，有目的地去汲取知识，加大学习动力。

（三）有助于明确并清晰自我定位

职业生涯规划的重要前提是认识自我。只有认识自我、了解自我，才能有针对性地明确职业方向，而不盲目化。认识自我是对自我深层次的解剖，了解自己能力的大小，明确自己的优势和劣势，根据过去的经验、经历，选择未来可能的工作方向，从而彻底解决"我想干什么"和"我能干什么"的问题。在此基础上，通过了解行业的特点、特性、所需的能力、就业渠道、工作内容、工作发展前景、行业的薪资待遇等外部环境，理性地确定自己所具备的资本。这是人生所有规划和行动得以成功的基本依据，即所谓"知己知彼，百战不殆"。

（四）有助于找到实现理想的通道

职业生涯规划让大学生拥有明确的目标，会围绕目标去学习和提升，即使目标不够明确，也会沿着既定的方向前行，这就是实现理想的通道。实现目标的强烈意愿对于个人而言是非常重要的，意愿越大，成功的机会也就越大。要将意愿变成超强的行动力，行动力的根源来自意愿，意愿强烈才可以实现目标。

只有在发现和确定了人生奋斗的大目标，并紧紧围绕这个中心采取行动，大学生的行为才会更有效率和价值，使职业生涯规划成为实现理想的通道。职业生涯规划为大学生的人生之旅设定了导航仪，指引大学生走向成功。

（五）有助于实现人与职业的和谐发展

当今社会处在变革的时代，到处充满着激烈的竞争，职业活动的竞争非常突出。要想在这场激烈的竞争中脱颖而出并保持立于不败之地，必须设计好个人的职业生涯规划。

职业生涯规划实现人与职业的和谐发展，以促进自身的持续、健康、协调的全面发展进步为根本目标，在人与职业匹配的基础之上，将人的发展与职业的发展有机结合，使职业成为实现自我人生价值、自我人生幸福的工具和内容，让个人的发展成为推动促进职业发展和进步的主力，达到自我与职业的"双赢"，实现人与职业的和谐发展。

（六）有助于增强大学生在就业中的核心竞争力

对于大学生而言，职业生涯规划就像一座灯塔，指引着自己在追求人生目标的道路上前进。它能够激励大学生珍惜大学生活，提高个人素质、专业素养以及就业能力与技巧，提高自己的就业核心竞争力；此外，当个体在前进道路上遇到困难、支撑不住而想放弃时，职业生涯规划会使个体产生源源不断的动力，让个体坚定地走下去，直至成功的终点。

职业生涯规划可以让人生有目标，目标让人生富有意义；职业生涯规划能帮助个人认识就业形势，居安思危，唤醒职业规划意识；职业规划能帮助个人做出正确的职业选择，找出适合自己的职业目标；职业生涯规划帮助个人职业能力与职业素质，增强自我效能感；职业规划有助于抓住重点，增加成功的可能性。

因此，职业生涯规划应该从大学生入学时培养、引导和训练，以便为学生一生的发展奠定坚实的基础。

第二章 大学生自我认识与职业倾向

第一节　职业性格认知与兴趣认知

一、职业性格认知

在与职业有关的个人因素中，有一类因素稳定而持久地影响着人们的职业倾向，并关系到我们能否快乐地工作以及是否感觉舒适，即人格。"人格"一词源自拉丁文的 person，即"面具"，暗示了"人格"的社会功能。不同的角色戴着不同的面具，后引申为个体的个性心理倾向和个性心理特征。

虽然人格是一个比较复杂的概念，但国内外专家经过努力，目前已经提出比较被认可的、便于我们了解的解释。简言之，人格是个体的思想、情感及行为的特有整合，其中包括区别于他人的稳定而统一的心理品质，即气质与性格。

（一）气质

1. 气质的含义

气质是心理活动表现在强度、速度、稳定性和灵活性等方面的动力性质的心理特征。气质相当于日常生活中所说的脾气、秉性或性情。气质是一种相对稳定的自然属性，先天因素起决定性作用，例如，基因相同或相近的人的气质类型虽不完全相同但是很接近。当然，气质的稳定性也不是绝对的，它也是会发生变化的，人在经历过世事变迁之后，气质也可能会有所改变。

2. 气质的类型

关于气质的分类，不同的学者有不同的分类方法，大部分心理学研究者把气质分为四种类型即胆汁质、多血质、黏液质、抑郁质四种。四种不同的气质类型具有不同的心理特征。

（1）胆汁质。胆汁质的心理特征属于兴奋而热烈的类型。这种类型的人在言语、面部表情和体态上都给人以热情直爽、善于交际的印象。有理想有抱负，反应迅速，行为果断，表里如一，不愿受人指挥而喜欢指挥别人。这种人一旦认准目标，就希望尽快实现，遇到困难也不折不挠，有魄力，敢负责；但往往比较粗心，自制力较差，容易感情用事，比较鲁莽，工作带有明显的周期性；能以极大的热情投身于事业，一旦筋疲力尽，情绪顿时转为沮丧而心灰意冷。

（2）多血质。多血质心理特征属于敏捷而好动的类型。这种类型的人易于适应环境的变化，在新的环境里不感到拘束，性格开朗、热情、喜闻乐见，善于交际。在群体中精神愉快、朝气蓬勃，常能机智地解脱窘境。在工作学习上富有精力而效率高，表现出机敏的工作能力，愿意从事合乎实际的工作，能对工作心驰神往，迅速地把握新事物，在有充分自制能力和纪律性的情况下，会表现出巨大的积极性。兴趣广泛，但情感易变，如果工作不顺利，热情可能消失，不安于循规蹈矩的工作，有时轻诺寡信、见异思迁。

（3）黏液质。黏液质这种人又称为安静型，在生活中是一个坚持而稳健的辛勤工作者。这种类型的人行动缓慢而沉着，恪守既定的生活秩序和工作制度，不为无谓的动因而分心，一般不做无把握的事。黏液质的人态度持重，交际适度，不做空泛的轻谈，情感上不易激动，不易发脾气，也不易流露情感，能自制，也不常暴露自己的才能。其不足是有时做事情不够灵活，不善于转移自己的注意力；惰性使其因循守旧，表现为固定性有余而灵活性不足。

（4）抑郁质。抑郁质的人沉静而羞涩、敏感，精神上难以承受或大或小的神经紧张。情绪体验的方式较少，但内心体验深刻，不易外露。喜欢独处，交往拘束，兴趣爱好少，性格孤僻，遇事三思而后行，怯懦、自卑、优柔寡断，外在行为非常迟缓刻板。

3. 气质与职业

职业活动对人的心理动力特点提出了一定的要求，气质对职业活动的影响大体概括为三个方面：一是气质影响职业活动进行的性质，二是气质影响职业活动的特征，三是气质影响职业活动的效率。因此，大学生在选择职业时，应考虑自己的气质类型与特性，使气质特点符合职业活动的要求，对从事职业活动及将来的发展更为有利。

胆汁质的人适合从事与人打交道、工作内容和环境不断变化并且热闹的工作，如导游、推销员、节目主持人、演讲者、外事接待人员、演员、市场调查员等，不适合需要长期安坐、持久耐心的工作。

多血质的人适合从事与外界打交道、多变、富有刺激和挑战的工作，如管理者、外交家、驾驶员、律师、运动员、记者、冒险家、侦查员、干警、演员等，不太适合做过细的、单调的、机械性的工作。

黏液质的人适合稳定、按部就班、静态的工作，如医务工作者、翻译、教师、文员、法官、调解员、会计、出纳员、保育员、播音员等，不太适合从事需要经常策划创造的工作。

抑郁质的人适合安静细致的工作，如作家、画家、诗人、校对、打字、排版、化验员、编辑等，不太适合从事热闹场合的工作。

（二）性格

1. 性格的含义

性格是一个人在对现实的稳定的态度和已习惯化的行为方式中表现出来的人格特征。性格是在社会生活实践中逐渐形成的，一经形成便比较稳定，它会在不同的时间和情况下表现出来。性格的稳定也并不是绝对、一成不变的，而是可塑的。

性格和气质既有联系，又相互区分。

首先，不同气质类型的人在形成性格时是具有倾向性的。例如，多血质容易形成热情好客、机智开朗的性格特征，而黏液质则难以形成这种性格。性格也反映着一个人的气质，性格内向的人往往总体表现出黏液质或抑郁质气质，而性格外向的人往往表现出多血质或胆汁质的气质。

其次，气质更多地体现了人格的生物属性，性格则更多地体现了人格的社会属性。气质没有好坏之分，不决定一个人成就的高低，任何气质类型的人都可能成为优秀的人，也可能成为碌碌无为的人；而性格受社会历史文化的影响，有明显的社会道德评价的意义，直接反映一个人的道德风貌。个体之间的人格差异的核心是性格差异。

2. 性格与职业

不同性格的人适合不同的职业。例如，对驾驶员要求具备注意力稳定、动作敏捷的职业性格特征，对医生则要求具备耐心细致、热情待人的职业性格特征。当然每个人的性格特征，对每个人的性格都不能百分之百地适合某项职业，但可以根据自己的职业方向来培养、发展相应的职业性格。职业及环境所需要的性格特性，是个人内部的动力，是确定个人在职业上的特征行为的依据，因此也被称为"职业性格"。

在职业生涯规划过程中理解、透视性格，是为了了解自己的思考方式和行为倾向，更好地接纳自己、发展自己；也是为了了解人与人之间的性格差异，在团队合作方面提出改进措施；同时还能了解不同的性格人群在对职业的选择和适应上的倾向性，以帮助我们合理地做出职业决策、谋划职业发展。

二、职业兴趣认知

一个人一旦对某事物有了浓厚的兴趣，就会主动去求知、去探索、去实践，并在求知、探索实践中产生愉快的情绪和体验。

（一）兴趣

1. 兴趣的含义

兴趣是人对事物的特殊的认识倾向，该认识倾向是当以个体的特定活动、事物以及人的特性为对象的时候，所产生的情绪紧张状态，即满意的情绪色彩和向往心情。因为兴趣规定了个人积极探索事物的认识倾向，因而为行动和认识提供了动力，使其对感兴趣的事物优先注意，反映出独特的向往意识。兴趣是以需要为基础的。任何一种兴趣都是在有关活动过程中由于使自己情绪上得到满足或者使自己获得想要的知识而产生的。

2. 兴趣的形成过程

根据发展程度的不同，可以把兴趣的形成过程划分为三个阶段：有趣、乐趣和志趣。有趣是兴趣形成的第一个阶段，处于这阶段的兴趣与对事物的新奇感相联系，非常不稳定，往往新奇感消失了，兴趣也就没有了。乐趣是兴趣发展的第二个阶段，在这个阶段兴趣变得更加专一、深入。当乐趣与社会责任感、理想、奋斗目标结合起来时，兴趣就进入了第三个发展阶段——志趣。志趣是个体取得成就的根本动力，是成功的重要保证。

（二）职业兴趣

1. 职业兴趣的概念

职业兴趣即对某类职业或工作的积极态度。"自霍兰德提出职业兴趣理论以来，霍兰德理论得到了广泛的关注和认可。该理论强调人格类型同环境匹配的重要性，无论是对企业人力资源优化，还是对青少年职业生涯发展都有着积极的影响。"[①] 不同的人有不同的职业兴趣，如果能做从事与自己的职业兴趣相符的职业，个体在工作中就能更加积极热情、全神贯注并富有创造力。职业兴趣是个人成功的推动力。古今中外，凡在事业上有成就者无不对自己的职业充满浓厚的兴趣。

---

① 闻佳鑫.霍兰德职业兴趣理论及对青少年职业生涯发展的启示 [J]. 现代教育，2021（6）：60.

职业兴趣不是天生的，它的形成与人们所处的历史条件、实践活动和对自身能力的认识有着密切的关系。例如，当计算机技术得到较大发展时，对这个职业有兴趣的人也增加得很快，这是由现实需求和历史发展阶段决定的。又如，某人从事某种特定职业，在长期实践过程中通过对职业活动的认识，了解和培养了自己的能力和特长，也可引起对该职业的浓厚兴趣。

2. 职业兴趣对职业发展的影响

（1）职业兴趣可以提高人的工作效率。职业兴趣可以调动人的全部精力，使之以敏锐的观察力、高度集中的注意力、深刻的思维和丰富的想象投入工作中去，从而有助于工作效率的提高。有资料表明，如果一个人对某份工作有浓厚的兴趣，他就可能发挥其全部才能的 80%～90%，并能长时间地保持高效率而不感到疲劳；如果一个人对某份工作缺乏兴趣，就只能发挥其全部才能的 20%～30%，且容易精疲力竭。

（2）职业兴趣是事业成功的重要因素。一个人的兴趣、动机、感情、价值观等倾向性因素都会对其职业生涯产生影响，而这些因素中，兴趣所起的作用最大。兴趣不仅可以影响人们的职业定向和职业选择，还可以开发人们的潜能，激发人们去探索和创造。对职业有兴趣，在工作过程中就有干劲，容易投入，也容易出成绩，即使遇到不如意或挫折也能迅速调整心态继续坚持下去。

第二节　职业能力认知与价值观认知

一、职业能力认知

当一个人的能力和工作要求相匹配时，最容易发挥自己的潜能，并且获得一种满足的感觉。相反，当一个人去做自己力所不能及的工作时，就会感到焦虑，甚至产生挫败感。而当一个人能力超出工作要求太多时，又容易感到工作缺乏挑战，比较乏味。因此，要寻求个人能力与职业技能要求的适配。

（一）能力

1. 能力的含义

能力是顺利、有效地完成某种活动所必须具备的心理条件。能力是和完成某种活动相联系的，能力的发展会受到素质、知识和技能、教育、社会实践和主观努力等因素的影响，因此能力的发展会出现个体差异，如智商的高低、能力类型的异同、能力发展的早晚等。能力是不断发展、永不停滞的，所以时时刻刻都要加强对职业所需能力的培养。

2. 能力的分类

（1）按照能力发展程度分类。按照能力发展程度分类，可以把能力分为才能和天才。才能是具备发展某种能力所需要的各种心理条件。例如，具备了音乐能力所需要的心理条件，就可以说有音乐才能。一个人不仅具备了才能，而且能力所需要的各种心理条件达到了完美的结合，又为人类做出了杰出贡献的就是天才，如莫扎特、贝多芬都是音乐天才。

（2）按照能力的结构分类。按照能力的结构分类，可以把能力分为一般能力和特殊能力。一般能力即平常所说的智力；特殊能力是从事某种专业活动或某种特殊领域活动所表现出来的能力，如音乐能力、数学能力、写作能力等。

（3）按照能力所涉及的领域分类。按照能力所涉及的领域分类，可以把能力分为认知能力、操作能力和社交能力。认知能力是获取知识的能力，即智力；操作能力是支配肢体完成某种活动的能力，如体育运动、手工操作能力；社交能力是从事社会交往的能力，如语言表达和感染力、组织管理能力等。

（4）按照创造程度分类。按照创造程度，可以把能力分为模仿能力、再造能力和创造能力。模仿能力是仿效他人行为的能力；再造能力是按照现成的模式或程序掌握知识技能的能力；创造能力是不按照现成的模式或程序，独立掌握知识技能、发现新规律、创造新方法的能力。

每个人都具有一种或多种能力组成的能力系统，了解能力的分类，可以更客观、系统地评价自己所具备的各种能力，从而能更准确地匹配职业。

3. 能力的影响因素

影响能力的因素主要体现在素质、知识和技能、教育、社会实践和主观努力五个方面，具体如下。

（1）素质。素质是有机体天生具有的某些解剖和生理特征，主要是神经系统、脑的特征及感官和运动器官的特征。素质是能力发展的自然前提，离开这个物质基础就谈不上能力的发展。天生或早期听障人士难以发展音乐能力，双目失明者无从发展绘画才能，严重的早期脑损伤或脑发育不全的缺陷是智力发展的障碍。素质是能力发展的自然基础，但不是能力本身。素质作为先天生成的解剖生理结构，不能直接地决定能力。先天素质只是为能力的发展提供了最初的可能性。

（2）知识和技能。知识是人类社会历史经验的总结，从心理学的观点来说，是头脑中的经验系统以思想内容的形式为人所掌握。技能是操作技术，是对具体动作的掌握，它以行为方式的形式为人所掌握。知识、技能与能力有着密切的关系。知识是能力形成的理论基础；技能是能力形成的实践基础。能力的发展是在掌握和运用知识、技能的过程中实现的；同时，能力在一定程度上决定着一个人在知识、技能的掌握上可能取得的成就。能力和知识、技能密切相关，它们之间既相互联系又互相制约，这种关系主要体现在：掌握知识、技能以一定的能力为前提；能力制约着掌握知识、技能的快慢、深浅、难易和巩固程度；而知识的掌握又会导致能力的提高。当然，知识、能力的发展与技能的发展是不完全同步的。

（3）教育。教育是掌握知识和技能的具体途径和方法。教育不仅在儿童和青少年的智力发展中起着主导作用，而且对能力的发展同样也起着主导作用。教育不但使学生掌握知识和技能，而且通过知识和技能的传授，还能促进心理能力的发展。学校教育对学生能力的培养是至关重要的，但是当他们走上工作岗位以后，原来已经掌握的知识和技能，就显得不够用，有些甚至是已经过时了。因此，在组织中，对在职员工的教育和培训就显得特别重要，他们必须掌握多种知识、多种技能，并能进行综合的运用。

（4）社会实践。能力是人在改造客观世界的实践活动中形成和发展起来的，劳动实践对各种特殊能力的发展起着至关重要的作用。不同职业的劳动制约着能力发展的方向，不同的实践向人们提出不同的要求，人们在实践和完成任务活动中，不断地弥补薄弱环节，从而使能力得到相应的发展和提高。

（5）主观努力。主观努力是获得成功的必由之路。要使能力获得较快和较大的增长，没有主观的勤奋努力是根本不可能的。世界上有这么多政治家、科学家和发明家，无论他们从事的领域有多么不同，他们的共同点是长期坚持不懈、刻苦努力、顽强地与困难做斗争；没有刚毅、顽强、百折不挠的意志力，任何成就都不可能取得，也无从谈起能力的发展。

（二）职业能力

1. 职业能力的含义

职业能力是人们从事某种职业的多种能力的综合。例如，作为教师只具有语言表达能力是不够的，还必须具有对教学的组织和管理能力，对教材的理解和使用能力，对教学问题和教学效果的分析、判断能力等。如果说职业兴趣能决定一个人的择业方向，以及在该方面所乐于付出努力的程度，那么职业能力则能说明一个人在既定的职业方面是否能够胜任，也能说明一个人在该职业中取得成功的可能性。

2. 职业能力的类型

由于职业能力是多种能力的综合，因此，我们可以把职业能力分为一般职业能力、专业能力和综合能力。

（1）一般职业能力。一般职业能力主要是指一般的学习能力、文字和语言运用能力、数学运用能力、空间判断能力、形体知觉能力、颜色分辨能力、手的灵巧度、手眼协调能力等。此外，任何职业岗位的工作都需要与人打交道，因此，人际交往能力、团队协作能力、对环境的适应能力，以及遇到挫折时良好的心理承受能力都是我们在职业活动中不可缺少的能力。

（2）专业能力。专业能力主要是指从事某一职业的能力。在求职过程中，招聘方最关注的就是求职者是否具备胜任所应聘的岗位工作的专业能力。例如，你去应聘教学工作岗位，对方最看重你是否具备最基本的教学能力。

（3）综合能力。这里主要介绍国际上普遍注重培养的"关键能力"，包括以下四个方面。

第一，跨职业的专业能力。从三个方面可以体现出一个人跨职业的专业能力：①运用数学和测量方法的能力；②计算机应用能力；③运用外语解决技术问题和进行交流的能力。

第二，方法能力。方法能力包含三个方面：①信息搜集和筛选能力；②掌握制订工作计划、独立决策和实施的能力；③具备自我评价能力和接受他人评价的承受力，并能够从成败经历中有效地吸取经验教训。

第三，社会能力。社会能力主要是指一个人的团队协作能力、人际交往和善于沟通的能力。在工作中能够协同他人共同完成工作，对他人公正宽容，具有准确裁定事物的判断力和自律能力等，这是岗位胜任和在工作中开拓进取的重要条件。

第四，个人能力。随着我国经济体制改革的深入、法制的不断健全完善，人的社会责任感和诚信将越来越被重视，假冒伪劣将越来越无藏身之地，一个人的职业道德会越来越受到全社会的尊重和赞赏，爱岗敬业、工作负责、注重细节的职业人格会得到全社会的肯定和推崇。

3. 提高职业能力的途径

（1）主观能动性能促进职业能力的培养。能力的形成和发展有其自然的前提，即人的遗传素质。如果个体在脑神经系统、运动器官、感觉器官的解剖生理结构和机能方面有缺陷，就难以形成和发展相应的能力。对常人来说，能力，特别是职业能力的形成发展不取决于先天，而在于后天的环境、教育训练及实践活动。

（2）接受教育和培训能促进能力的形成。父母是我们的第一任老师。人从父母那里接受了最初的职业意识，并获得了最初的基本能力。个体获得知识能力，主要是来自间接经验的传递。有目的、有计划、有组织的学校教育可以充当这一媒介。提高职业能力最有效的方法就是接受教育和培训，短期职业教育和高等教育都能使人获得一定的基础知识和职业技能，在上岗前再参加一些针对性强的专门培训，对上岗后更好地胜任岗位职责会有很大的帮助。

（3）通过不断地实践提高职业能力。能力是在使用中积累的，从事不同职业活动的人积累不同的能力。职业能力和职业实践互为因果，从事一定的职业活动需以一定的能力为前提，但在实践过程中不断涌现出来的新问题、新要求则会促使相应能力水平的持续提高。

（4）良好品质对能力的形成和发展有重要的意义。例如，谦虚能使人保持旺盛的求知欲和进取精神，这样不仅会激发人发挥自己的能力，还可以挖掘自己的潜能，从而促进能力的发展。再如，毅力不仅能帮助人战胜困难，成为成功的外部条件，而且能使人战胜身体上的某些缺陷（如口齿不清），使能力得到发展。另外，"勤能补拙"也说明了个人的勤奋努力对能力的发展有着积极的作用。

二、职业价值观认知

人们工作是因为工作可以满足特定的需求。价值观正是建立在需求的基础上，对一个人的职业目标和择业动机起着决定性的作用。

（一）价值观

1. 价值观的含义

价值观是指个人对客观事物（包括人、物、事）意义、重要性的总评价，是对"什么是好的"的总看法，是推动并指引一个人采取决定和行动的原则、标准。简单来说，价值观是人用于区别好坏、分辨是非的心理倾向体系。

价值观是一种内心尺度。它融于人格当中，支配着个人的行为、态度、信念、理解、生活目标和追求方向等，也支配着个人认识世界、自我了解、自我定向、自我规划等，并为自认为正当的行为提供充足的理由。每个人都有自己独特的价值系统。

2. 价值观的作用

价值观一旦确定，即开始决定、调节、制约个性倾向中的需要、动机、愿望等，可以说，它是个人动机和行为模式的"统帅"。需要、动机的目的、方向受价值观的支配，只有经过价值判断之后被认为是可取的，才能被个体转换为行为的动机，并以此为目标引导自己的行为。

价值观无论在生活中还是在职业发展中都起着极其重要的方向性作用，甚至超过了兴趣和性格的影响。价值观使人的行为带有稳定的倾向性。一个人越清楚自己的价值观，越了解自己在工作和生活中想要寻求什么，他的生涯发展目标通常也就越清晰。

（二）职业价值观

1. 职业价值观的含义

职业价值观是个人追求与工作有关的目标，从事满足自己内在需求的活动时所追求的工作特质或属性，它是个体价值观在职业问题上的反映。由于年龄阅历、教育状况、家庭影响、兴趣爱好等方面的不同，人们对各种职业有着不同的主观评价。各种职业在劳动内容上、在劳动难度和强度上、在劳动条件和待遇上、在所有制形式和稳定性等诸多问题上，都存在差别，再加上传统思想观念等的影响，各种职业在人们心目中的声望、地位便有了好坏高低之分。这些评价形成了个人的职业价值观，并影响着个人对就业方向和具体职业岗位的选择。

2. 职业价值观的分类

（1）利他主义：总是为他人着想，把为大众的幸福和利益尽一份力作为自己的追求。

（2）审美主义：能不断地追求美的事物，得到美感的享受。

（3）智力刺激：不断进行智力开发、动脑思考、学习和探索新事物，解决新问题。

（4）成就动机：不断创新、不断取得成就、不断得到领导和同事的赞扬或不断实现自己想要做的事。

（5）自主独立：能够充分发挥自己的独立性和主动性，按自己的方式、想法去做，不受他人干扰。

（6）社会地位：所从事的工作在人们的心目中有较高的社会地位，从而使自己得到他人的重视与尊敬。

（7）权力控制：获得对他人或某事的管理权，能指挥和调遣一定范围内的人或事物。

（8）经济报酬：获得优厚的报酬，使自己有足够的财力去获得自己想要的东西，使生活过得较为富足。

（9）社会交往：能和各种人交往，建立比较广泛的社会联系和关系，甚至能和知名人物结识。

（10）安全稳定：希望不管自己能力如何，在工作中要有一个安稳的局面，不会因为奖金、增加工资、工作调动或领导训斥等经常提心吊胆、心烦意乱。

（11）轻松舒适：希望将工作作为一种消遣、休息或享受的形式，追求比较舒适、轻松、自由、优越的工作条件和环境。

（12）人际关系：希望一起工作的大多数同事和领导人品好，相处在一起感到愉快、自然。

（13）追求新意：希望工作内容经常变换，使工作和生活显得丰富多彩，不会单调枯燥。

3. 职业价值观的产生因素

职业价值观是一个复杂的多维度的心理因素，包括多种要素，但各要素起的作用不同。我们把职业价值观中主要的因素总结为以下三类。

（1）发展因素。其包括符合兴趣爱好、机会均等、公平竞争、工作有挑战性能发挥自身才能、工作自主性大、能提供培训机会、晋升机会多、专业对口、发展空间大、出国机会多等，这些职业要素都与个人发展有关，因此称为发展因素。

（2）保健因素。其包括工资高、福利好、保险全、职业稳定、工作环境舒适、交通便捷、生活方便等，这些职业要素与福利待遇和生活有关，因此称为保健因素。

（3）声望因素。其包括单位知名度高、单位规模和权力大、行政级别和社会地位高等，这些职业要素都与职业声望地位有关，因此称为声望因素。

第三节　职业倾向与职业测评方法

一、职业倾向与大学生职业倾向

（一）职业倾向

职业倾向是指一个人在职业选择上所表现出的偏好和倾向。每个人的职业倾向都是独特的，受到个人兴趣、技能、价值观和个性特点等多种因素的影响。下面将详细探讨职业倾向的各个方面，包括兴趣爱好、技能匹配、价值观契合和个性特点等。

首先，兴趣爱好在职业倾向中起着重要的作用。一个人对某种活动或领域的兴趣程度将决定他们在该领域中的职业倾向。例如，如果一个人对艺术和创造有浓厚的兴趣，他们可能会倾向于选择从事艺术家、设计师或创意行业的职业。而对于那些对数学和科学感兴趣的人来说，他们可能更倾向于选择从事工程师、科学家或研究员等与科学相关的职业。因此，个人的兴趣爱好可以成为指导职业倾向的重要依据。

其次，技能匹配也是职业倾向中一个重要的考虑因素。一个人的技能和能力是否与某个职业的要求相匹配，将直接影响他们是否倾向于从事该职业。例如，如果一个人擅长沟通和人际交往，他们可能更适合选择销售、公关或咨询行业的职业。另一方面，如果一个人在数理科学方面有出色的能力和技能，他们可能会更倾向于选择从事数学、物理或计算机科学等领域的职业。因此，个人的技能和能力与职业的匹配度是决定职业倾向的重要因素之一。

再次，价值观的契合也会对职业倾向产生影响。一个人的价值观代表了他们对于道德、社会公正和个人成长等方面的看法和信念。当个人的价值观与某个职业的价值观相契合时，他们可能更倾向于选择从事该职业。

最后，一个人的职业倾向是一个复杂而个体化的过程，需要综合考虑个人的兴趣、技能、价值观和个性特点等因素，以做出最合适的职业选择。通过认真思考和自我探索，每个人都可以找到与自己职业倾向相匹配的职业道路，实现个人的发展和成就。

（二）大学生职业倾向

大学生职业倾向是指大学生在选择职业方向时所表现出的倾向性和偏好。在当今社会，大学生职业倾向对他们的未来发展至关重要。本文将详细探讨大学生职业倾向的几个方面，包括兴趣与天赋、社会需求与市场趋势、个人价值观与人生目标等。

首先，大学生的兴趣与天赋是他们职业倾向的重要影响因素之一。大学是一个知识广泛、资源丰富的环境，大学生在接触各种学科和领域的同时，也有机会发现自己的兴趣所在。他们可以通过参加各类课程、实习、社团活动等方式，发掘自己对某个领域的热情和才能。例如，一个对计算机编程充满兴趣且具备良好逻辑思维的学生可能会倾向于选择计算机科学或软件工程等与编程相关的职业。

其次，社会需求与市场趋势也对大学生的职业倾向起到重要的指导作用。随着社会的发展和经济的变化，一些行业和职业呈现出较大的需求和潜力。大学生在选择职业时，可以考虑到这些行业的发展前景和就业机会。例如，随着经济全球化和信息技术的迅猛发展，国际贸易、互联网技术等领域的就业前景较好，因此一些大学生可能会倾向于选择与这些领域相关的职业。

此外，个人价值观和人生目标也会影响大学生的职业倾向。每个人都有自己的价值观和人生追求，这些因素会在职业选择过程中起到决定性的作用。一些大学生可能更加关注社会公益和人文关怀，他们倾向于选择从事教育、医疗卫生等与人们福祉直接相关的职业。而另一些大学生可能更注重个人成就和事业发展，他们可能会选择金融、企业管理等与商业成功紧密相关的职业。

此外，个人的性格特点和能力水平也会对大学生的职业倾向产生影响。一些大学生可能具备较强的领导才能和组织能力，他们倾向于选择管理或领导职位。另一些大学生可能更适合独立工作和创造性思考，他们可能会选择艺术、设计等与创意和创新相关的职业。因此，个人性格特点和能力水平也是大学生职业倾向的重要考虑因素。

总而言之，大学生职业倾向的形成是一个综合考虑多个因素的过程。大学生应该根据自身的兴趣、天赋、社会需求、市场趋势、个人价值观和人生目标等方面来进行职业选择。在做出决策时，他们应该认真评估自己的优势和劣势，并考虑行业发展前景和个人发展空间。同时，他们也可以通过实习、兼职、实践活动等方式来积累经验，了解不同职业的实际情况，从而更好地确定自己的职业倾向。

最重要的是，大学生在职业选择过程中应该注重内外因素的平衡。既要考虑个人的兴趣和能力，又要顾及社会需求和市场趋势。只有将个人的优势与社会的需求相结合，才能更好地实现个人职业发展的目标，为社会做出更大的贡献。因此，大学生在职业倾向的选择上需要综合思考，明确自己的职业方向，并积极努力实现自己的职业目标。

二、职业测评及其方法

职业测评是心理测验的一个分支，兴起于 20 世纪初。近年来，在我国随着就业形势的变化，职业生涯规划教育日益受到高校的重视，相应地，职业测评在职业生涯规划教育中也得到广泛应用，且越来越受到学生的青睐。

（一）职业测评的概念

职业测评，是运用现代心理学、社会学、管理学及其他相关学科的研究成果，采用一些测验或访谈手段，对个体的个性特征、能力结构、职业偏好、动机需求水平以及个人与环境的关系等方面进行的系统性测评。简而言之，职业测评是一种了解个体与职业相关的各种个性特征的工具或方法。我国高校在职业生涯规划教育中广泛应用职业测评，其主要目的是帮助学生了解自我、了解职业、学习决策方法。即通过对某一个体的职业价值观、职业兴趣、职业性格、职业技能等方面进行系统性的测评，发现该个体的自我特殊性和职业适应性，从而有效地实现入职匹配。

职业测评是一种特殊的、复杂的社会认知活动。据统计，全球有75%以上的大公司在人员甄选、安置和培训方面使用职业测评，而且越来越多的中小公司也正加入到这一行列中来。美国电话电报公司早在20世纪30年代就采用评价中心技术，采纳许多心理测量的方法用于考察自己的管理者，并相当成功。联想集团是我国较早在招聘中运用职业测评的企业，以前联想集团单纯通过面试招人的准确率是40%，而实施职业测评之后，面试的准确率提高到了60%。经过多年的稳步发展，职业测评现在已经成为最有效、最客观的测评手段之一。但是，就测评的内容来看，职业测评是心理测量，而不是物理测量。职业测评主要是对个体心理现象的测量，包括能力、兴趣、性格及价值观等，测量的对象具有内在性、隐蔽性和无形性等特点。相对于物理测量，此类测量复杂得多。

（二）职业测评的类型及工具

职业测评作为建立在心理学、管理学、测量学、考试学、系统学、行为科学与计算机科学基础上的一种科学的方法，它能对人的知识水平、能力结构、个性特征、职业倾向、发展潜能等素质进行综合测评。

1. 职业测评的类型

根据职业测评内容（测评的心理现象）的不同，职业测评可分为以下类型。

（1）智力倾向测验。智力倾向测验考查受测对象的智力（能力）水平及其结构。现实生活中，不同的人智力水平不同，即使智力水平相近的人，其智力结构也可能不同。例如，有的人擅长言语理解、加工、表达，有的人擅长数字加工，不同智力结构的人适合不同类型的工作。

在智力测评中，我国主要采用的是由韦克斯勒于1955年编制的，在1981年和1997年经过两次修订的韦氏成人智力测验（WAIS-RC）以及联合型瑞文测验（CRT）。

第一，韦氏成人智力测验（WAIS-RC）。韦氏成人智力测验适用于16岁以上的被测验者，将其分为农村和城市两类。测验分为言语和操作两部分。言语部分包括知识（I）、领悟（C）、算术（A）、相似性（S）、数字广度（D）、词汇（V）6个分测验；操作部分包括数字符号（DS）、图画填充（PC）、木块图（BD）、图片排列（PA）、图形拼凑（OA）5个分测验。算术、图片排列、木块图、图形拼凑、数字符号和图画填充有时间限制，其他测验不限制时间。有的项目通过后记1分，未通过的记0分，如知识测验；有的项目按回答的质量分别记 0 分、1 分或 2 分，如领悟、相似性和词汇测验。最后言语测验的量表分加上操作测验的量表分得出总智商。

第二，联合型瑞文测验（CRT）。本测验为非文字智力测验，根据原瑞文的渐进矩阵测验的标准型与彩色型联合而成。5~75 岁的幼儿、儿童、成人、老人皆可借此测验粗评智力等级。一般情况下，正常的三年级以上儿童与 65 岁以下成人均可团体施测，幼儿、智力低下者和不能自行书写的老年人宜个别施测。此测验可用于有言语障碍的智力测量。本测验的量表分数是先将被试的原始分数换算为相应的百分等级，再将百分等级转化为 IQ 分数。

（2）人格测验。人格测验用以测量求职个体与他人相区别的独特而稳定的思维方式和行为风格，这些特点可能影响该求职者的工作绩效、工作方式及习惯。

（3）职业兴趣测验。职业兴趣测验用以了解个人在职业发展中的喜好，即"你喜欢干什么"。

常见的职业兴趣测评方法有三种：一是行为观察，即通过观察个体参与各种活动时的行为表现来推测其兴趣所在；二是知识测验，即通过测试个体掌握特定职业特殊词汇和其他信息的情况来推断其兴趣所在；三是职业兴趣测试，即职业兴趣问卷测验，是目前职业兴趣测评中最具科学性，也是最常用的方法。

职业兴趣问卷测验的基本原理：具有一定兴趣模式的个体更倾向于寻找特定的职业类型，并且一旦从事这种职业，就能比其他人更好地适应。职业兴趣问卷测验实际上就是向被测试者提出一系列问题，要求其指出对职业、学习、娱乐、业务活动等喜欢或不喜欢的程度，然后对测试结果进行分析，以此来确定被测试者的兴趣类型或兴趣倾向。

（4）职业价值观测验。职业价值观测验用以了解个人在职业发展中所重视的价值观以及驱动力，即"你想要什么"或"你看重什么"。

第一，价值问卷。价值问卷是对个人价值观的测量问卷。用于职业生涯辅导的价值问卷主要用于测量与个体生涯选择有关的价值。对于价值观的测评，国内外一般都采用量表法（测量法），即根据一定的理论编制相应的问卷。国外的量表一般都是基于研究者自己对于职业价值观定义与结构的理解而编制的，比较著名的有明尼苏达重要性问卷、高登的职业价值观量表和塞普尔的工作价值观量表。

第二，观察法和面谈法。观察法就是通过对个体日常言谈举止、情绪行为进行一段时间的观察，然后从观察者的角度去评价其价值取向。面谈法就是对一些大学生进行访谈，询问他们对就业的准备和看法，让他们描述就业前的心理状态等。

（5）职业能力测验。职业能力测验考察个人基本或特殊的能力素质，如逻辑推理能力、口头表达能力，即"你擅长干什么"。

第一，技能测评。技能测评是对一个人技能技巧的实际水平的测验，而不是潜在水平的测验，属于成就测验。测验的方式大多数是作业实例测验，如 SRA 听写技巧测验、DAT 语言使用测验、明尼苏达工程类推测验、业务打字测验等。例如，汽车修理厂在挑选汽修技工时，所进行的测评就是技能测评。

第二，能力倾向测评。所谓能力倾向是一种潜在的、特殊的能力，它与经过学习训练而获得的才能是有区别的，它本身是一种尚未接受教育训练前就存在的潜能。能力倾向测评可以判断一个人的能力优势与在某一职业成功发展的可能性。此类测验分为普通能力倾向测验和特殊能力倾向测验。

普通能力倾向测验。普通能力倾向测验最初是美国劳工部从 1934 年开始利用了 10 多年时间研究制定的，适合于许多不同职业群检查各自的不适合者。由于这套测验在许多国家被广泛使用，因而备受推崇。后来，日本劳动省将 GATB 进行了日本版的标准化，制定成《一般职业适应性检查》（1969 年修订版）。这套测验主要是实现对许多职业领域所必需的几种能力倾向的测评。它由 15 种测验项目构成，其中 11 种是纸笔测验，其余 4 种是操作测验，这套测验可以测评 9 种能力倾向。

G—智能。智能即一般的学习能力，包括对说明、指导语和诸原理的理解能力、推理判断能力、迅速适应新环境的能力。

V—语言能力。语言能力是指按语言的意义及与它相关的概念，有效地掌握它的能力；对字词、句子、段落、篇章及其相关关系的理解能力；清楚而准确地表达信息的能力。它包括口头表达能力和文字理解与表达能力。

N—数理能力。数理能力是指在正确而快速进行计算的同时能进行推理，解决应用问题的能力。

S—空间判断能力。空间判断能力是指对记忆平面图形与立体图形之间的关系的理解能力和解决应用问题的能力。

P—形态知觉能力。形态知觉能力是指对实物或图像的有关细节的正确知觉能力；根据视觉能够比较、辨别的能力；对图形的形状和阴影的细微差别、长宽的细小差异进行辨别的能力。

Q—书写知觉能力。书写知觉能力是指对文字、表格、票据等材料的细微部分正确知觉的能力；直观地比较、辨别字词和数字，发现错误和纠正的能力。

K—动作协调能力。动作协调能力是指迅速、准确和协调地做出精确的动作，并迅速完成作业的能力；手、眼协调运动的能力。

F—手指灵活性。手指灵活性是指快速而准确地活动手指，操作细小物体的能力。

M—手腕灵活性。手腕灵活性是指随心所欲地、灵巧地活动手以及手腕的能力；拿取、放置、调换、翻转物体时手的精巧运动和腕的自由运动能力。

其中，V、N、Q能力出色的人，属于认知型；S和P能力出色的人可归入知觉型；K、F、M突出的人，属于运动技能型。现实生活中，许多人可能同时在上述两类能力类型中都相当优秀，或者9种能力水平差不多，没有哪一类特别突出。一般能力倾向测试的意义在于帮助你发现什么样的职业领域最能发挥自己的潜能，而不是简单地划定"最适合的职业"，要知道，人的很多能力是可以通过后天培养而积累的。

特殊能力倾向测验。这个测验是系列式的，是国外企业常用的职业能力倾向性测验，包括四大类测验。这四类有：机械倾向性测验，主要测量人们对机械原理的理解和判断空间形象的速度、准确性以及眼手协调的运动能力；文书能力测验，专门了解个人打字、速记、处理文书和联系工作能力的测验，适合于文职人员能力测量；心理运动能力测验，主要测量工业中许多工作所需的肌肉协调、手指灵活或眼与手精确协调等技能；视觉测验，运用特殊仪器对视力的多种特征进行测验，以评定其是否符合一定工作的要求。

第三，学习能力测评。学习能力测评是用笔试的方式测评学习能力。学习能力测评中最常用的题型包括必答题、选答题与综合题。例如，升学考试就是一种学习能力的测评，通过考试的人有能力进入更高层次的学习。

（6）职业性格测验。职业性格测验考查个人与职业相关的性格特点，即"你适合干什么"。

（7）职业发展评估测验。职业发展评估测验主要是评估求职技巧、职业发展阶段等。

2．职业测评的工具

职业测评的测量工具通常是由大学、专业的研究机构或心理测验公司开发的，这些工具构成一个工具库，就像一个工具"超市"，使用者可以根据自己的需要自由挑选。目前，在我国高校职业生涯规划教育中常用的工具如下。

（1）职业兴趣测评。中科院心理研究所方俐洛等编制了霍兰德式的中国职业兴趣量表，简称H—C职业兴趣量表。该量表有活动、潜能、职业和自我评判4个分量表，共138个项目，其中霍兰德的原量表项目为78个，研究者新增项目为60个，每个量表包含6个因素，分别对应于实用型、研究型、艺术型、社会型、企业型和事务型。该量表有较好的构想效度和效标效度以及较高的信度，广泛应用于职业选择、职业规划、人才招聘等。

（2）职业性格测评。MBTI测评通过对受测者的内向性、外向性、感觉性、直觉性、思考性、情感性、知觉性、判断性倾向进行全面测量，了解受测者在不同个性特点上的倾向水平，从而让受测者全面了解自己的总体个性特点、自身存在的盲点、在工作中的优势和劣势、可能适合的职业、适合的岗位特质等，并给出个人发展建议。

除此之外，还有 16PF 人格测验。卡特尔的人格特质理论认为人有 16 种根源特质，分别是乐群性、聪慧性、稳定性、恃强性、兴奋性、有恒性、敢为性、敏感性、怀疑性、幻想性、世故性、忧虑性、实验性、独立性、自律性、紧张性。该测验具有较好的信度和效度，并被广泛应用，对于大学生了解自己性格的优点与缺点以及调适性格有很好的作用。

（3）职业能力测评。职业能力测评包括一般能力倾向测验和特殊能力倾向测验。一般能力倾向测验实际上是美国劳工部就业服务局编制的智力测验，由 15 种测验构成，其中 11 种是纸笔测验，其余 4 种是器具测验，可以测定 9 种能力倾向。15 种测验项目分别为工具匹配、名词比较、画线、计算、平面图判断、打点速度测验、立体图测验、算术测验、语义、打记号、形状匹配、插入、调换、组装、分解。可测验的能力包括智能、言语能力、数理能力、书写的知觉、空间判断能力、形状知觉、运动协调、手指灵巧度、手腕灵巧度。特殊能力倾向测验有感知觉和心理运动能力测验、机械能力测验、文书能力测验、艺术能力测验、专业能力测验（如会计能力测验）。相关测验还有瑞文标准智力测验、韦克斯勒成人智力量表等。

（4）职业价值观测评。舒伯的职业价值观量表（WVI）是我们常用的价值观标准化评估工具，包括 3 个维度、15 个因子。

内在价值维度：是指与职业本身性质有关的因素，即工作本身的一些特征，包括智力激发、利他性、创造性、独立性、美感、成就、管理等 7 个因子。

外在价值维度：是指与工作内容无关的外部因素，即工作的环境，包括工作环境、同事关系、监督关系、变动性等 4 个因子。

外在报酬维度：是指在职业活动中能获得的因素，包括声望、安全性、经济报酬、生活方式等 4 个因子。

另外，职业价值观的测评还有职业锚测验，但职业锚是在工作经验之中习得的，是通过工作经验的积累产生并形成的，若一些大学生有相对丰富的社会实践工作经验的话，可以选择此测验。

（三）理性对待测评结果

对于职业测验要持辩证的态度，对于测评结果，需要正确对待。

首先，对于大学生而言，对各种专业的人才素质要求还没有很全面、深刻的了解，即使测评结果显示其适合某种工作，那也只是结合性格、能力或未来能力、兴趣等几个方面提供的参考，而他或她能否适应职业本身的压力、节奏、竞争力及是否满足职业对经验、学历等的要求，这往往是测评之外的事。

其次，个人不应该滥用或者是迷信测评结果，而应该理性对待测评结果。例如，有的职业测评显示一些职业较适合性格外向的人做，但在实践中，一些性格内向的人也会做得很好，因为一种职业对人才的需求是多样的。所以，个人的职业测评最好和单位的用人测评结合起来，即用人者可能更了解被测评人是否适合某种职业。

在职业生涯规划中，职业决策是一个复杂的、动态的过程，要考虑很多因素。在做具体决策时，应该清楚职业决策不能局限于测评结果所显示的职业，更不能简单而盲目地为自己贴标签。除了将职业测评结果作为参考依据外，还要考虑职业的发展前景，职业的工作环境，职业带来的经济及非经济的报酬，个性特征与职业要求的匹配性，个人的能力特长与职业要求的一致性以及父母、亲人和朋友对被测评人的期望等因素。

第三章 大学生职业认知与环境分析

第一节　职业常识与职业发展趋势

一、当代职业常识

掌握职业特性，了解职业常识，才能更好地选择职业，进而顺利就业。职业常识主要包括职业认知、职业变迁、职业定位、职业选择和职业测评等方面。

（一）职业认知

对于大学生来说，要开启自己的职业生涯，首先要了解什么是职业。

1. 职业的本质

现实中，人们往往要在一定的工作岗位上实现就业。但对于"职业"一词，人们却有着不同的理解。有人觉得职业等同于工作，也有人把职业视为生活来源，还有人认为职业代表了身份和地位。作为一种社会现象，职业是社会分工的产物。从字面上看，"职业"一词由"职"和"业"两个字组成，"职"指职务、职位、职权、职责和义务；"业"指专业、事业、行业、业务。"职业"表示行业性专业活动，具有某种责任、义务和权益。所以，所谓职业是指参与社会分工，利用专门的知识和技能，为社会创造物质和精神财富，获得合理的报酬，满足物质生活、精神需求的工作。职业的本质如下。

（1）人与社会的关系。从事某种职业，就意味参与了社会分工。

（2）知识技能与创造的关系。利用知识技能创造物质和精神财富，由此引入职业的概念。

（3）创造财富与获得报酬的关系。只有为社会创造物质和精神财富，才有资格获得合理的报酬。

（4）工作和生活的关系。人们通过工作获得合理的报酬，满足其物质、精神生活的需求。

人们在生活中习惯使用的"岗位""工种"等概念，实质上就是按不同需要或要求将职业进行了具体划分。一个职业通常包含一个到多个工种，一个工种又包含一个到多个岗位。所以，职业与工种、岗位之间是包含与被包含的关系，其间的内在联系非常密切。例如"焊工"这一职业就包含"气焊工""电焊工"等十多个工种。另外，同属"销售"这一工种，有的侧重客户服务，有的侧重市场开拓，有的侧重市场调研，据此可细分为市场专员、销售经理、客户代表、终端服务员、大客户专员等不同岗位。

职业在社会生活中的地位非常重要，成千上万种职业组成了现代文明社会的复杂结构，不同的职业分工成为社会与个人、整体与个体之间的纽带。

2. 职业的特征

职业的特征包括社会性和时代性特征、专业性和规范性特征、经济性和稳定性特征、知识性和技能性特征、多样性和层次性特征。

（1）社会性和时代性特征。职业是生产力发展和社会化分工的结果，它的形式和内容都离不开社会，受到社会政治、经济、文化等因素的影响，还与社会制度和社会政策相关。随着时代的发展和社会的进步，旧的职业不断被淘汰，新的职业不断产生，职业在不断地发生变化。相同的职业在不同时期会有不同的内容和形式。从不同时期出现的不同热门职业可以看出，职业具有鲜明的时代特色。例如我国曾出现过的"从军热""从政热""从商热"等，都反映出特定时期人们对热点职业的热衷程度。

（2）专业性和规范性特征。一个人要从事某种职业，就必须具备职业化的专门知识、能力并遵从特定的职业道德要求，如医生必须要有一定的医疗专业知识、技能和救死扶伤的精神；教师要有学科教学能力和教学育人的职业操守等。随着社会的发展、科技的进步，劳动的专业化程度越来越高，职业的专业性越来越强。职业主体所从事的职业活动必须符合国家的法律规定和社会伦理道德准则。职业分为正当职业和不正当职业两种。不正当职业要么不符合国家的法律规定，要么有悖于社会伦理道德的准则要求，应予以警惕。

（3）经济性和稳定性特征。人们从事职业的重要目的是获得一定的报酬，维持自己和家庭的生存与发展。作为从事专门生产劳动的职业，它的形式和内容在一定时期内是相对固定的，这也保证了劳动者能通过连续从事这一职业获得稳定的收入。在职业范畴里，经济性和稳定性是不可分割的，只有稳定性没有经济性的工作不是职业，如家庭主妇；只有经济性没有稳定性的工作也不是职业，如彩票中奖，获得赠予等。

（4）知识性和技能性特征。不同职业要求不同的知识和技能，有的知识和技能比较简单，容易掌握，不需要专门的学习和培训，可以在社会生活中通过经验的总结和常识的积累来获得（如农耕文明就是先民们在天文、气象、水利等方面的知识和耕作方面技巧的积累和总结），但对于大型仪器操作，则需要进行专业培训。在现代社会中，职业分工越来越细，各种新职业层出不穷，职业的知识含量越来越高，技术越来越复杂，需要从业者经过专业的学习和培训，具备专门的知识和技能，才能胜任特定工作。即便是农业生产，随着现代农业的发展，也呈现出越来越明显的专业化态势。

（5）多样性和层次性特征。职业的多样性非常明显，职业领域的范围十分广泛，涉及人类社会生产和生活的方方面面，而且职业的分化还在继续，职业的种类还在不断增加。同时这些不同的职业对劳动者的素质和条件有着多样化的要求。职业的层次性包括各类职业间的层次和各个职业类型内部的层次。虽然我们一直强调职业没有高低贵贱之分，但不可否认的是，收入水平的高低、工作任务的轻重、社会声望和地位的高低确实使职业出现了层次性，影响着人们对职业的看法。

3. 职业的分类

职业分类是指国家采用一定的标准和方法，依据分类原则，对从业者所从事的各种专门化的社会职业进行全面、系统地划分与归类。

因为各国经济发展水平、历史和国情各不相同，职业分类也不相同。目前，根据国际通行做法，职业分类一般被划分为大类、中类、小类和细类4个层次：①大类依工作性质的同一性进行分类；②中类是在大类的范围内，根据工作任务与分工的同一性进行分类；③小类是在中类之内按照工作的环境、功能以及相互关系分类；④细类是在小类的基础上，依照工作的工艺技术、操作流程等再进行划分和归类。

国际劳工组织将职业分为8大类：专家、技术人员及有关工作者；政府官员和企业经理；事务性工作者和有关工作者；销售工作者；服务工作者；农业、牧业和林业工作者，渔民和猎人；生产和有关工作者，运输设备操作者和劳动者；不能按职业分类的劳动者。

中华人民共和国成立以来，开展了大量的职业分类调查工作，参照国际标准，制定了有关职业分类的标准与政策。近年来，为加强培训就业工作，中华人民共和国劳动和社会保障部在职业分类、新职业开发和国家职业标准制定方面做了大量的工作，我国职业按种类被划分为8个大类，具体如下：

（1）国家机关、党群组织、企业、事业单位负责人，其中包括5个中类、16个小类、25个细类；

（2）专业技术人员，其中包括14个中类、115个小类、397个细类；

（3）办事人员和有关人员，其中包括4个中类、12个小类、45个细类；

（4）商业、服务业人员，其中包括8个中类、43个小类、147个细类；

（5）农、林、牧、渔、水利业生产人员，其中包括6个中类、30个小类、121个细类；

（6）生产、运输设备操作人员及有关人员，其中包括 27 个中类、195 个小类、1119个细类；

（7）军人，其中包括 1 个中类、1 个小类、1 个细类；

（8）不便分类的其他从业人员，其中包括 1 个中类、1 个小类、1 个细类。

4. 职业的功能

（1）谋生需要。职业是人类生活的重要组成部分，人的职业生活首先体现为必须通过参加社会劳动来获取生存必需的生活资料。为了获取一定的报酬作为生活资料来源的那一部分劳动，被称为职业劳动。人们通过参加某一岗位的职业劳动来换取职业报酬，在满足生存需要的同时，也积累了个人财富。我国实行的分配原则是以按劳分配为主体，效率优先，兼顾公平，因此劳动者参加职业劳动的数量和质量直接决定其拥有财富数量的多少。

（2）精神需要。著名心理学家马斯洛将人的需要分为 5 个层次：生理需要、安全需要、社交需要、尊重需要和自我实现需要，前 2 种为基本需要，后 3 种为精神需要。职业是个人获得名誉、权利、地位、成就、尊重以及自我实现等精神需要的重要来源。因为职业劳动是依据特定的社会规范和内在规律运行的，每种职业都有其独特的要求和活动内容，这些要求和内容对从业者的生理和心理必然产生重大的影响。当某种职业能够使个人才干得到发挥、个性得到发展和完善时，它就成为促进个性健康发展的重要因素。

（3）社会存在和发展的基础。职业的本质是劳动力和生产资料的结合，体现的是人与人之间的社会关系。在满足个人需要的同时，人们的职业劳动也为社会创造了财富。职业劳动生产出来的物质财富和精神财富，是社会存在和发展的基础。现代社会的劳动有着十分明确的分工，只有通过社会成员之间劳动成果的交换，才能满足彼此的需要。这种平等交换劳动成果的过程，既能够体现出为他人服务的程度，又能够衡量出对社会和国家所做贡献的大小。所以，职业也是维持社会稳定、让劳动者实现安居乐业的基本手段。

（二）职业变迁

职业的变迁是一个历史的过程，许多职业与当时人们的日常生活息息相关。职业的变迁能直接感知社会的发展与进步。改革开放前，我国生产力水平低，大部分人口从事农业劳动，城镇人口大部分从事工业生产。改革开放后，随着经济发展和人民生活需要，第三产业，即商业和服务业迅速发展起来。城镇各种生产、运输、设备制造和操作人员大批转岗；从事农、林、牧、渔等职业的人数减少了一半以上。而餐馆服务人员、饭店、旅游及健身场所服务人员、社区服务人员和从事各种商业贸易的人数急剧增加。

1. 传统职业渐行渐远

近年来，随着经济生活的变化，过去的很多技术、手艺已经不再需要，于是，靠这些行业谋生的人纷纷转行，另谋他业。不知不觉中，一些传统职业在萎缩、消失，逐渐退出了历史舞台。相对于一些技术陈旧的传统行业，大部分从业人员需要转行，在新兴行业中，符合职业要求的从业人员则数量不足。打蜂窝煤、修钢笔等职业因为市场需求的缩减而没落；送煤工、补锅匠、理发匠、磨刀剪、修脚、挖耳等一些传统职业逐渐淡出市场；一些家用产品维修业也面临整合与消亡；卖凉开水、卖杂货、弹棉花等职业因为技术升级而被淘汰；电话总机、粮油票等因为政策体制改变而退出历史舞台。

2. 新兴职业不断涌现

20世纪80年代以后，随着社会的发展，职业观念也发生了翻天覆地的变化。涌现出来的大批新职业，主要集中在第一、第二产业中的高新技术产业和蓬勃发展的第三产业。从分布情况来看，典型的新职业有第一产业中的基因和转基因工程、遗传工程、细胞工程、生态农业、生化试验和技工；第二产业中的加工中心、环境监测、计算机辅助设计、计算机辅助制造、纳米材料生产及航空航天材料技师和技工等。而新职业分布最广的是在社会服务领域。从我国近年来公布的新职业来看，"创意设计类"的职业较多。另外，信息、顾问、社会服务、科技类、保健类等职业也在不断增加。分析最近几年诞生的新职业不难发现，新职业带着鲜明的市场经济色彩，在经济高速增长、产业结构发生重大变化的时期，新职业明确地体现出了职业结构发生的变化。像"色彩搭配师"这种新兴职业，就是专门为顾客设计服饰的颜色搭配。

3. 新职业的特征

（1）专业知识与操作技能相辅相成，"灰领"职业异军突起。"灰领"一词起源于美国，原指负责维修电器、上下水道、机械的技术工人，这些工人常穿着灰色工作服出现，此类职业也随之得名。"灰领"的内涵是动手与动脑能力的结合，他们是具有较高知识层次、较强创新能力、掌握熟练的心智技能的新兴技能人才。如今灰领的范畴已扩大，包括电子工程师、软件开发工程师、装饰设计工程师、绘图工程师、喷涂电镀工程师等。

相比白领和蓝领职业人员，灰领职业人员既要有良好的理论素养，又要有动手实践的能力，是复合型、实用型人才。如动画绘制员、汽车模型工、汽车加气站操作工、包装设计师、数字视频（DV）策划制作师等，都是现代制造业新兴的"灰领"人才。有着比蓝领人员更多的专业知识和更佳的操作技能的"灰领"人才，将成为体现未来发展特征的先导型职业人才，是以后青年求职的主要方向。

（2）迅速发展的高科技产业、创意产业已经成为催生新职业的主要领域。电路版图设计师就是高科技催生新职业的代表。集成电路版图设计职业伴随 IC 产业的发展而产生。由于对从业人员的专业知识和技能要求较高，IC 版图设计人员是 IC 行业紧缺的技术人才之一。

创意产业则出现了包装设计师、工艺美术设计师、广告设计师、模具设计师、时装设计师、会展设计师、景观设计师、花艺环境设计师、机械产品设计师等新职业。房地产行业的高速发展，使人们对家庭装修、室内设计的要求日益趋向个性化、多样化，对家具的设计也提出了更高要求，家具设计师是创意设计类新职业的代表。

（3）职业分类越来越细。随着社会需求的增加和技术的发展，产业细分导致社会分工的细化。比如，银行职员这个职业有了更进一步的划分，更加专业化，出现了资金交易员、资金结算人员、清算人员等一些过去没有的岗位；随着策划风潮此起彼伏，仅"策划师"一项，就有 4 种之多，如商务策划师、会展策划师、DV 策划制作师、房地产策划师等；养宠物的人越来越多，与宠物有关的新职业也随之增多，仅专业维护的职业就有"宠物健康护理员""宠物医师"等；"挖掘机驾驶员"以前一直被混淆在"普通驾驶员"当中，现在单列出来，代表了社会对该职业的重视。

（4）市场特征越来越明显。与市场经济一同成长的各类中介服务业的兴起，带动起一大批计划经济体制下不曾有的职业：如技术经纪人、房地产经纪人、人才中介服务人员，这些中介职业正成为现代信息社会人们交流沟通的桥梁。这些随着市场经济应运而生的职业，必将随着市场经济的发展而获得更旺盛的生命力。

（5）新需求催生新职业。浙江出现了一种新的职业：陪购，即跟随客户出入商场，协助挑选适合客户的衣服并负责讲价和拎包，工资按小时计算，服务比较灵活，到任何一个城市，陪购都可跟随。上海出现了"职业跳车人"，其主要职责是帮助出租车行政管理部门做暗访，每天的工作是"打的"，看出租车驾驶员是否有不文明或者不合法的经营行为。江苏还出现了专门给人点菜的"点菜师""配餐师"。上海出现的"信用管家"很受市场欢迎，主要职责是进行信用调查、评估和管理咨询等服务。青岛出现了专门驾驶汽车的"酒后代驾师"。

近年来，一种被称为"危机公关顾问"的职业在国内悄然兴起。霎时间，国内各大公关公司对"危机公关业务"的资源展开了激烈的争夺。而在这种行业趋热的局面下，原本就稀少的专业危机公关人才显得越发珍贵，各公司高薪聘请的招聘告示随处可见。新职业的背后，往往折射出经济和社会变迁的轨迹。新职业的种类可谓五花八门，比如汽车陪驾师、汽车交易咨询师、私家汽车保养师、房地产置业设计师、房产经营代理师、餐点营养顾问、私人形象顾问、商业谈判服务师、会务速记员、楼房模型制作员、外国人家庭生活顾问、宠物心理医生、宠物营养师等。

（6）技工职业备受重视。随着办公室岗位竞争的白热化，加上技工类岗位就业环境的日渐改善，技术含量的提升，以及薪资、福利待遇的进一步提高，白领与蓝领之间的差距得到缩减，技工类职业重回人们的视线。技工类岗位本身的职业稳定性相对较高，有利于个人的长期发展。因此，在新职业中，一些城市发展新兴领域的技工类职业也被纳入，如锁具修理工、汽车模型工、微水电利用工、激光头制造工、霓虹灯制作员、印前制作员、数控机床装调维修工、轮胎翻修工、城市轨道接触网检修工、陶瓷工艺师、糖果工艺师、集成电路测试员等"灰领""蓝领"技工人才。

（7）一些老职业在重新崛起。20世纪50年代，一些旧的职业消失，如拍卖师、典当师等。在计划经济向市场经济转变后，这些职业重新兴起，并向着更加规范的轨道发展。还有一类是更新职业，比如说过去只有传统的车工，随着数字技术在制造业中的广泛应用，又出现了数控车工。

新职业的确立，体现了中国社会生活的变化和进步，深刻地反映了我国劳务市场的需求方向。新职业发布制度的建立和实施，对于促进就业和发展职业教育，具有毋庸置疑的牵引或者导向作用。改革开放使中国社会发生了巨变，这种变化势必在体现在职业的变迁中。了解分析这种变化，对于企事业各种不同类型的人才规划、管理自己的职业生涯具有重大意义。新职业的诞生和成长，不仅记录了职场发展的轨迹和程度，而且在更宏观的背景下折射出时代风云和社会变迁。新职业潜藏的就业空间，让很多人十分看好，但是新职业的发布，只能说明目前的职业市场上这类职业已经具有一定的规模，但这种职业的收入、工作环境、职业前景、职业的生命力、职业生命周期等都还是未知数。人们在选择新职业的时候，一定要分析新职业是否与自己的经历、爱好匹配。

（三）职业定位

职业定位就是个人在社会分工中确定自己能够扮演的角色，不必经常戴着面具去迎合工作需要，甚至可以突出自己的个性，简单地说就是符合本我，做本色演员。

职业定位就是要为职业目标和自身能力以及主客观条件寻求最佳匹配。良好的职业定位是以自己的最佳才能、最大兴趣、最有利的环境、最优性格等信息为依据的。在职业定位的过程中，要考虑特长与职业的匹配、兴趣与职业的匹配、性格与职业的匹配、专业与职业的匹配等问题。

职业方向定位报告通过考察对象的16种职业特征，根据管理学、心理学、经济学和社会学原理，为个人指出最优职业方向。职业方向定位报告不仅指出合适的职业方向，而且还从发展角度，结合职业生涯规划理念，阐述与确定职业方向、职业发展和职业转换最核心的理念和方法。

具体内容包括：考察对象的天赋和性格等因素、职业问题的症结及根本原因、在日常工作和生活中的潜在优势和弱点，分析与确定最可能长期成功的职业方向及进步最快的职业发展路径，传授提升职业（不是继续做以前做过的工作）的求职方法。

1. 职业定位的意义

（1）持久发展自己。很多人事业发展不利并非能力不够，而是因为选择的工作并不适合自己；很多人并未认真地思考过"我是谁""我适合做什么"这两个问题，因为不清楚自己要什么；很多人把时间用在追逐不是真正适合自己的工作上，所以随着竞争的加剧会感觉后劲不足。准确的职业定位可以使自己获得更加长足的发展。

（2）善用自身资源。集中精力发展，而不是"多元化发展"，这是职业发展的一个规律。很多人多来年涉足很多领域，学习很多知识，但每一项都没有很强的竞争力。出国，MBA、研究生学位和博士生学位不代表持续发展，投资多、回报少，过于分散精力会让人失去原有的优势。

（3）抵抗外界干扰。一些人以薪资水平为衡量标准来选择职业，追逐钱财、时尚，虽然会在前几年收获一些差距，但是薪资差距在未来并不会很大。事实上，时尚几经更迭，曾经挣钱容易的职业可能会在未来面临收入难题。有些人通过运气或机遇获得高职位，却选择不轻易放弃，而是选择了有利于长期发展的职业。只有明确了自己的准确定位，才能理性地面对外界的影响。

（4）找到合适位置。在简历和面试中，有些人未能准确地介绍自己，导致面试官难以快速了解该候选人的情况。另一些人的职业定位不明确，使得潜在雇主不敢把重要的工作委托给他们。还有一些人频繁更换工作，使得朋友们不愿意给他们提供帮助。职业定位不准确，就像游移的目标一样，让人难以理解其真实面貌。

2. 职业定位的内容

在现代社会，职业选择是每个人都必须面对的一个问题。一个人的职业定位将直接影响他或她未来的发展和成功，并对个人和家庭幸福、社会稳定和经济繁荣等方面产生深远的影响。因此，只有在了解自己和了解职业的基础上，一个人才能够给自己进行准确的职业定位。

（1）了解自己是职业定位的第一步。了解自身的核心价值观念、动力系统、天赋能力、个性特点、缺陷等，可以帮助一个人做出更准确的职业选择。每个人都有自己独特的性格和天赋，只有了解自己，才能在职业中寻找最适合自己的位置。此外，了解自己的缺陷也是非常重要的，因为一个人的缺陷也会对职业选择产生影响。例如，如果一个人不善于交际，那么他或她可能不适合选择需要频繁社交的职业。

（2）了解职业也是职业定位的关键。了解职业的工作内容、技能要求、知识要求、经验要求、性格要求、工作环境、工作角色等，可以帮助一个人更好地了解一个职业，从而做出更明智的职业选择。例如，在选择一个职业时，一个人需要了解该职业的现状和未来的发展趋势，以将自己的职业目标与现实中的就业机会相匹配。

（3）了解自己和职业要求的差距。一个人会有多种职业目标，但是每个职业目标利弊不同，需要根据自身特点谨慎权衡利弊得失，还要根据自身条件确定达到目标的方案。如果一个人的职业目标远远超出了自己的能力和条件，那么他或她可能需要先寻找相关实习或轻松的工作职位，以获得所需的经验和技能，以便最终实现自己的职业目标。

（4）确定如何展示自己的职业定位。确定了自己的职业取向和发展方向之后，需要采用适合的方式传达给面试官或上级，以此获得入门和发展的机会。例如，在面试中，一个人需要清楚地表达自己想要的职业方向，展示自己的自信和能力。在工作中，一个人应该积极地学习新知识和技能，以提高自己的专业素养和竞争力。

综上所述，在了解自己和了解职业的基础上，一个人才能够给自己进行准确的职业定位。了解自己和了解职业对于职业定位来说都非常重要，而且在职业发展过程中需要不断学习和调整自己的职业定位，以适应不断变化的市场需求和个人实际情况。只有这样，一个人才能在职业中取得长期的成功和满足感。

3. 职业定位的步骤

职业定位和职业目标直接关系到人生事业的成就。在选职业目标时，要尽快结束"忙、盲、茫"的状态，就需要进行职业目标定位。

（1）确定职业。对选择职业具备初步认识是远远不够的，应通过多种渠道去了解相关职业信息，通过网站、出版物、职业搜索引擎、人才双选会、校园招聘会、实习、兼职等途径进行多方面了解，然后确定自己将要从事的职业。接触和采访职场人士，对缺乏工作经验的大学生来说是一个非常值得推广的有效方法。身边的亲戚朋友，你的老师、校友，以及你参加兼职认识的人等，都是尔职业信息的丰富来源。

（2）确定行业。确定自己将要进入的行业，可以通过一些方面进行。

第一，结合所学专业。如自动化专业，可以先了解制造业、IT业和物流业等。注意两点：一是喜欢所学专业；二是不喜欢所学专业，但没有其他更好的办法。

第二，结合兴趣能力。如生物专业的学生，却对旅游业有兴趣，最终积累导游经验考取了导游证。注意两点：一是了解入行"门槛"，有兴趣也要有能力；二是属于光凭兴趣转行的人要准备承受风险。

第三，结合行业前景。从所谓的热门行业、朝阳行业切入。注意两点：一是选择热门行业面临的机会多，竞争也更激烈；二是思考自己是否具备能在该行业立足和发展的本领。

第四，结合人脉关系。如通过亲戚朋友等关系可以进入某些行业。注意两点：一是他人认为好的行业不一定适合你；二是要弄清楚该行业状况以及该行业是否适合你长远发展。

（3）确定单位。单位是职业发展的重要平台，但主动地去了解和选择单位的人很少，多数人都是等到用人单位来招人时才发现自己准备不充分。

第一，根据自身价值取向选择单位。如果想做公务员，首选当然是政府机关；如果想多挣钱或出国，应该考虑外企；如果想得到全面锻炼，增强个人能力，可以考虑民企。

第二，根据自己的发展战略选择单位。如果希望积累创业经验，可以考虑进入创始期的企业；如果希望快速晋升，可以考虑进入快速增长期的企业；如果希望平稳，那可以考虑成熟期的企业。

第三，根据自己的行为风格选择单位。习惯个人奋斗的不要进入注重团队的单位，习惯轻松自由的不要进入高压管理的单位。

第四，根据自己的求职条件选择单位。自己是进入实力雄厚的大单位，还是服务于实力一般的中小单位，个人自身的实力应是考虑的重点。

（四）职业选择

市场选择人才，人才选择行业，当前正处于一个选择与被选择的时代。人的一生中，绝大部分时间是在职业生涯中度过的，职业生涯成功与否，直接决定人生质量的高低。所以，如何在经济时代中把握足够的机会，做出正确的职业选择，让风险尽量降低，是每个大学生应该学习的。

职业选择，指的是人们在自身价值观指导下，从个人职业期望和兴趣出发，凭借自身能力选择适合自己的职业。职业选择包括从业前和从业后两方面，前者实现就业，后者实现职业变换。一个人职业的选择是否恰当，不仅关系到能否满足个人意愿和兴趣，也关系到自身才能的发挥和对社会贡献的大小。

1. 职业选择的意义

（1）加强生产资料与劳动力的结合。生产资料（又称生产手段）是指人们从事物质资料生产所必需的一切物质条件，即劳动资料和劳动对象的总和。生产资料是生产力中物的因素，在任何社会生产中，人们总是要借助于具体的岗位，通过自己的劳动生产出产品（或服务），为社会做出贡献，从而实现人生价值。

（2）获取更高的经济收益。经济社会的发展离不开经济效益的提高，经济效益是资金占用、成本支出与有用生产成果之间的比较。所谓经济效益好，就是资金占用少，成本支出少，有用成果多。而求职者经过科学、慎重的职业选择，就可以满足这样的需求，为社会和个人节约成本、提高效益。

（3）优化社会风气。社会良好风气的形成和稳定需要多种要素，其中就业问题是个根本问题。大学生要转变就业观念，先就业后择业。即使先就业也要选准行业，为以后的职业发展积累职场经验，降低就业成本，这也是社会稳定的要求，不要因为频繁的跳槽而增加社会的负担和个人就业成本。

（4）促进人的全面发展。教育的最终目标是促进人的全面发展，并且能够学有所长，立足社会。职业选择有利于促进人的知识和技能的全面发展。在选择职业的过程中，我们需要根据自己的兴趣、爱好、性格和能力等多个方面来考虑。选择和自己自身条件相符的职业，就能够充分利用自己的知识和技能，发挥个人优势，增强职业素养，实现个人全面发展。

同时，恰当地选择职业也能够让我们在工作中得到满足感和成就感。当我们从事一个我们感兴趣并善于做的工作时，我们就能够充分发挥自己的才能，完成工作的同时也享受工作带给我们的成就和愉悦。这些正面的心态和体验，能够不断增强我们的自信心和积极性，并推动我们在事业上不断成长和进步。

最终，正确的职业选择也能够让我们立足社会，赢得社会的认可和尊重。选择与自己能力和兴趣相符的职业，能够让我们在工作中表现出色，为公司或社区做出贡献，同时也能够得到他人的认可和信赖。这些人际关系和社会认知，不仅能够让我们成为一个优秀的职业人，也能够让我们在社会中获得更多的机会和资源。

因此，职业选择对于人的全面发展来说至关重要。在选择职业时，我们需要权衡多个因素，包括自己的兴趣、能力、未来的职业前景等，以达到最有利于自己的目标。同时，在选择职业的过程中，我们需要不断学习和适应，提高自身的能力素质来适应社会和职业的发展变化。

2. 职业选择的原则

（1）择己所爱。对一个人的事业发展而言，职业兴趣有着十分重要的意义。一个人所从事的职业与其职业兴趣相吻合，能发挥其大部分才能，能长时间地保持高效率的工作并且乐此不疲。择己所爱，需要清楚自己的职业兴趣类型。人的职业兴趣包括6种类型：实际型、研究型、艺术型、社会型、管理型、常规型。按照自己的职业兴趣去选择职业，人们通常可以感到满足。

（2）择己所长。职业能力的培养固然重要，但有些能力的天赋因素难以改变。因此，发掘自身的天赋并善用它们，是成功人士的关键策略。在发现个人的天赋才能并将其完全发挥的过程中，必将走向成功。处于职场初期的大学毕业生应该放宽心态，不要过分关注待遇和回报。更为重要的是，抓住每一个锻炼和验证自身能力的机会，找出并锤炼自己的核心竞争力。只有这样，才有望在职场中取得成功。

（3）择势所需。社会进步和产业结构的调整是时势的表现，时势也会塑造出职场的佼佼者。新兴职业的不断涌现，是社会科技的不断进步和产业结构的不断演进的结果。因此，对大学生而言选择前景良好且前瞻性的专业尤为重要，这样才能在毕业后顺利就业，避免失业等问题。

（4）择己所适。在职业选择方面，重要的是适合个人。对于那些没有明确职业规划的人，很难确定自己是否适合某种职业。个人与职业的匹配程度不仅涉及外在条件（如能力）的匹配，还涉及内在条件（如价值观）的匹配。此外，个人与职业的匹配程度是综合性的，即在某些方面可能不太匹配是正常的、普遍的现象。个人与职业的匹配程度是变化的，一个人现在适合某个职业并不意味着将来也适合，而现在不太适合也不代表将来就不会适合。

（五）职业测评

职业测评是应用到职场上的心理测量，它通过一系列的科学手段对人的一些基本心理特征，包括能力、兴趣、性格、气质及价值观等进行测量与评估，分析其特点，再结合工作的特点，帮助被测者进行职业选择。可以说，职业测评是正确认识自我的一种非常有效的手段，是一种了解个人与职业相关的各种心理特征的方法。

1. 职业测评的特点

（1）客观性。职业测评表从编制到实施，从计分到分数的解释都遵循严格统一的科学程序，对所有测评对象来说，施测的内容、条件、计分过程、解释系统都相同。这保证了经过科学程序标准化后的测评具备客观性。

（2）间接性。职业测评并非直接测量，而是间接测量。测评对象的素质是隐蔽在个体身上的客观存在，是抽象的、内在的，通过测评对象的行为体现出来。我们无法直接测量个体的素质本身，但可以通过其表现出来的行为特征进行间接的推测和判断。

（3）相对性。从施测人的主观愿望来说，任何测评都要力求客观真实地反映被测者素质，但无论多么严格的素质测评都会存在误差，这是因为测评存在主观性。一方面，测评方案的设计及测评活动的实施都依赖于施测人的个人经验，而不同的施测人对测评目标的理解、测评工具的使用及测评结果的解释，都难免带有个人色彩，不可能完全一致；另一方面，作为测评对象的个体，其素质是抽象模糊的，其构成是极其复杂的，且测评工具有一定的局限性。所以，职业测评既有精确的一面，也有模糊的一面。从这个意义上讲，职业测评的结果只是相对的，不是绝对的。

2. 职业测评的功能

（1）诊断功能。职业测评的结具能够帮助大学生准确诊断和评估自身的优势和劣势：是否具备某种职业技能，是否需要接受某种职业培训或是否需要参加某种干预性训练，以及个体的自我意识水平等。

（2）预测功能。职业测评的结果可用来预测个体未来的工作表现，把现有工作表现优秀的群体作为预测的参照效标，可以测量到与某职业关系密切的能力，即那些最能决定个体是否可以在某个职业领域取得成功的技能。

（3）比较功能。将个体的一些特性（如兴趣、能力、价值观等）与常模群体进行比较，这是职业咨询中测评工具发挥作用的一个重要方面。

（4）发展功能。测评的结果可以成为激发个体进一步学习的动力，帮助个体意识到职业生涯发展过程中一些值得探索或者进一步发展的机会。

二、社会转型期大学生职业发展

在社会转型期，个人有了越来越多的择业机会和发展空间，同时，也要面临更大的社会风险。要想在激烈的竞争中站稳脚跟，实现其社会价值和个人价值，就必须适应形势，及早规划好自己的职业发展方向，并有意识培养自己的职业能力。

大学生应了解自身职业发展的含义和影响自身职业发展的主、客观因素，以便为将来的职业发展打下坚实的基础。

（一）职业发展的认知

职业发展既是企业内部关注员工发展，提高工作能力的一种方式，也是个人对自己的职业规划进行提升的过程。

从组织的角度来看，职业发展需要提供具有前瞻性的培训和教育计划，以帮助员工更好地适应公司的变革和创新。这可以是学术性的知识培训，也可以是技能培训或跨部门的交叉培训。在这个过程中，员工可以掌握新的技能，提高工作绩效，更好地适应组织的变革和发展，同时增强其自身的职业竞争力和价值。

从个人的角度来看，职业发展是一个精心策划的过程。它涉及明确目标、认识自己的能力和兴趣、制订计划、不断学习、拓展自身的影响力，最终成为该领域中具有高超技能和独到见解的专家。在职业发展的过程中，个人需要有毅力、耐心、勇气和持续的努力，以不断提高自己的工作能力和价值，同时提升自己在组织中的地位和影响力。

总之，职业发展是一个使员工和组织双方受益的过程，它将不断推动组织和员工实现更高的增长和突破。

（二）职业发展的影响因素

影响职业发展的因素包括个人因素和环境因素，即内因和外因。

1. 内因：个人因素

个人因素在人的职业发展中起着基础性作用。通常来说，个人因素主要有职业取向、个人能力、职业定位、人生阶段4个方面。

（1）职业取向。职业取向（包括价值观、动机、需要等）是职业发展的一个重要因素。如果职业取向与所从事的职业相匹配，对职业发展将起到积极的作用；反之，则会给职业发展带来一定的不良影响。如有的人职业取向中有要求高收入的倾向，那么，机械的、获得固定收入的工作就很难满足他的职业理想，从而影响他的工作积极性；相反，一些收入较为多样化的职业会激发他工作的欲望和工作的积极性，满足其成就感。

（2）个人能力。个人能力指劳动能力，即运用各种资源从事生产、研究、经营活动的能力，包括体能、心理素质、智力3个方面。个人能力是人的综合能力，是现实职业发展的基础，在正常情况下个人能力与个体发展水平成正比。个人能力一方面体现在正规教育与专业训练上，另一方面体现在个人发展潜力与个人特质上。

（3）职业定位。职业定位有一个形象的概念叫"职业锚"。一个人随着对自己越来越了解，就会逐渐形成一个占主导地位的"职业锚"，也就是人们选择和发展自己的职业时所围绕的中心。

（4）人生阶段。人生阶段（如青年、壮年、中年、老年）也是职业发展中需要认真考虑的因素。在不同的人生阶段，人们的生理特征、心理素质、智慧水平、社会负担、主要任务等都不相同，这就决定了在不同阶段，职业发展的重点和内容也是不同的。

2. 外因：环境因素

影响职业发展的环境因素分为社会环境因素与工作环境因素，即宏观环境因素与微观环境因素。

（1）社会环境因素。社会环境因素对职业发展具有重大影响，通常包括经济状况、政治制度、文化氛围、社会阶层等。

经济状况是影响职业发展的核心因素之一，它不仅直接影响就业机会和薪酬待遇，还通过影响行业和企业的发展，间接影响职业发展的方向和空间。特别是现代经济中，技术变革和全球化的发展趋势加速，各领域都在经历巨变，职业发展也必须紧跟时代步伐，寻找新机遇和突破点。

政治制度与职业发展同样密不可分，政府的政策和管理对职业的选择和发展都有很大影响。比如，在一些国家和地区，政府实行产业政策，鼓励发展某些优势产业，从而为相关从业者提供更多的职业机会和发展空间；而在另一些国家和地区，政府采取限制或管控手段，可能会对职业创新和转型产生消极影响。

文化氛围是从根本上影响职业发展的因素，它不仅包括传统文化遗产和道德伦理，也包括当代社会文化现象和流行趋势。文化氛围会影响人们的价值观念、行为准则和职业选择。比如，在一些文化强调个人成就和竞争力的社会，竞争压力和升学、就业竞争越来越激烈，很多人会为了职业发展选择拼命奋斗和拼搏，这也会对职业生涯的长远规划产生深刻的影响。

社会阶层和职业发展息息相关，它也代表着个人所处的社会地位和财富水平。尤其是在传统的社会文化中，人们所处的社会阶层是职业发展路径和机会的决定性因素，从出生的家庭背景到接受的教育水平等多种因素，都会影响职业选择、职业定位和职业成功的机会。随着社会转型和经济变革，社会阶层的重要性可能会有所转变，但它仍然是影响个人职业生涯的一个重要因素。

（2）工作环境因素。工作环境因素是对个人职业发展起直接作用的环境因素，包括业务类型、发展规模、企业文化、管理制度、领导者的素质和价值观等。

业务类型是职业发展的重要因素，因为人的职业发展总是在一定类型的业务中展开的。不同业务类型的从业人员在职业发展方面有较大的差异。如IT行业的从业人员和机械维修人员，在职业发展的内涵和发展方向上就有很大的不同。

企业的发展规模也是个人职业发展的重要影响因素。如果企业规模大，有更大的业务范围、更成型的制度，个人就有更广阔的提升能力空间，但竞争也许会更激烈；虽然有的企业规模小，但可能会有更多机会接触主要业务，个人的发展空间或许会更大。

企业文化是全体成员在长期生产经营活动中形成并共同遵循的最高目标、价值标准、基本信念和行为规范。企业文化是影响单位运营效益的重要因素，如果个人的价值观与单位文化有冲突，难以适应企业文化，在组织中就难以发展。

管理制度涉及的范围比较广，包括组织特色、经营战略、人力评估、人力资源管理等。单位成员的职业发展，归根结底要靠管理制度来保障，常见的管理制度主要包括合理的培训制度、晋升制度、绩效考核制度、奖惩制度、薪酬制度等。

领导者素质和价值观。领导者的抱负及能力是企业发展的决定性因素。一个企业的成功大都因为有出色的领导者掌舵领航，如海尔集团总裁张瑞敏，联想集团创始人柳传志等。领导者的素质和价值观在一定程度上决定了企业成员的职业发展空间和发展机遇。

三、互联网+时代职业发展趋势

"互联网+"是互联网思维的进一步实践成果，推动经济形态不断演变，从而带动社会经济实体的生命力，为改革、创新、发展提供广阔的网络平台。通俗地说，"互联网+"就是"互联网+各个传统行业"，但这并不是简单的两者相加，而是利用信息通信技术以及互联网平台，让互联网与传统行业进行深度融合，创造新的发展生态。它代表了一种新的社会形态，即充分发挥互联网在社会资源配置中的优化和集成作用，将互联网的创新成果深度融合于经济、社会各领域之中，提升全社会的创新力和生产力，形成更广泛的以互联网为基础设施和实现工具的经济发展新形态。在"互联网+"时代背景下，职业的发展趋势也越来越多元化，主要有以下发展方向。

(一) 互联网行业

随着互联网的不断发展和普及，互联网行业也成为当前最具活力和发展潜力的职业领域之一。在互联网行业，不仅包括了传统的计算机软件、硬件、网络和通信等领域，还涵盖了电子商务、互联网金融、移动互联网、云计算、物联网等新兴的领域。互联网行业职业发展的趋势也开始显示出许多特殊的特点。

第一，多元化职业发展路径。在互联网行业，职业发展的路径和方式非常多样化。不仅有从事计算机技术研发和编程的工程师、开发人员和系统架构师等传统职业，还有涉及产品设计、市场营销、数据分析、用户体验等多个方面的岗位。职业发展的路径也可以是内升、外招、自主创业等多种方式。

第二，技能需求不断更新。在互联网行业，技术变革的速度非常快，新技术和新应用源源不断地涌现出来。因此，互联网行业的从业者需要有不断学习和更新的意识，紧跟最新的技术发展和市场趋势，不断提升自身技能和水平。

第三，强调创新和创业。互联网行业是一个非常开放和创新的行业，对创业和创新的支持和鼓励非常高。因此，在互联网行业，很大程度上需要具有创新和创业的精神和能力，同时也需要具备较强的领导力和团队协作能力。

第四，注重行业经验和行业背景。由于互联网行业是一个非常特殊的职业领域，行业经验和行业背景对于就业和职业发展也非常重要。在互联网行业中，具有丰富的行业经验和知识的从业者更容易获得更高的薪酬和职业发展机会，更容易与企业和行业融入和沟通。

第五，加速行业智能化和数字化。随着 AI、大数据、云计算等技术的不断应用和发展，互联网行业也逐渐向智能化、数字化方向转变。这也为互联网行业从业者提供了新的发展机会和职业路径。互联网行业的未来将更加注重精耕细作、创新和数字化。

互联网行业职业发展趋势表明这是一个非常有活力和前景的职业领域。因此，对于从事互联网行业的从业者来说，需要保持高度的专业性、创新性和开放性，不断提升自身的技能和能力，才能在不断变化的竞争环境中获得更好的机会和发展。同时，互联网行业也需要政府、行业协会、企业等多方面共同合作促进行业整体水平和发展，实现互联网行业的可持续发展。

（二）农业

在互联网+时代背景下，农业职业正不断发生变化，其发展趋势也愈加明显和引人关注。互联网的应用和发展，对农业职业的发展产生了深远影响和巨大推动作用。以下是农业职业发展的趋势。

第一，技术性职业凸显。随着农业信息化和智能化水平的提升，需要掌握农业科技、信息技术、电子商务等方面的知识，从事相关职业的人才呼之欲出。包括农业机械、园艺技术、种植技术、农业信息竞技、网络营销等技能的职业将成为农业新兴职业方向。

第二，农业产业链上下游职业协同发展。随着农业产业链的不断完善，各个环节的职业之间需要相互协作，形成产业集聚效应。因此，农业产业链中的上下游职业之间将出现更加密切的联系，职业需求也将更加明显和多元化。

第三，农业网络营销和电商职业发展。农业电商与网络营销已经成为农业生产环节中不可忽视的重要组成部分。因此，未来农业职业中需要掌握电子商务平台建设、网络营销策划获客技巧、互联网营销等技能的人才将会越来越受到重视。

第四，农产品检验检测职业大有前途。伴随着食品安全问题的不断发生，农产品检验检测已成为一项越来越重要的职责，检测与监控工作将成为农业产业链新兴的职业。未来农产品的标准化管理、检测与监管工作将成为行业主要内容，从而为相应从业人员提供了良好的职业发展空间。

第五，经营型农业职业异军突起。由于现在全球经济趋势下，消费升级和对健康的需求越来越高，因此农业经营型职业也成为农业职业的发展趋势之一。养殖、种植、农业科技以及农业机械化等职业也为投资者和农民提供了更多的发展机会和选择余地。

第六，环保型农业职业发展势头强劲。随着环保意识的不断提高，农业职业也更加注重人与自然的和谐发展。相应的职业如有机种植、生态饲养等也因此意义倍增，环保型农业职业发展势头强劲。

总之，在互联网+时代下，农业职业发展需要与时俱进，紧跟时代的步伐，不断加强技术学习和创新，不断拓展职业路径和机会，推动农村产业发展，促进农业现代化进程。这也将为广大从业者提供更多的职业发展空间和发展机会。

（三）旅游行业

随着互联网+时代的到来，旅游行业也在不断地向数字化、智能化、个性化方向发展。从旅游行业的职业发展趋势来看，也会有很多的变化。

第一，数字化技术培训的需求。互联网+时代，旅游行业逐渐从传统的线下门店、巡回式营销模式转向全面的在线平台营销。旅游行业从业人员需要具备数字化技术，掌握各种在线平台操作的能力，这可以同时降低企业的营销成本，提升工作效率，也可以满足消费者更加便捷、高效的旅游需求。

第二，线上销售增长的趋势。随着互联网+时代的发展，旅游行业的线上销售占比越来越高，线下分销渠道的作用逐渐减弱。同时，线上销售也需要更多的在线营销人才，专业的网络营销人才可以通过网络推广、SEO 优化、SEM 投放等方式，帮助企业增长销售，并提高行业管理水平。

第三，旅游消费行业的个性化需求。旅游产业的良性发展，使消费者的消费能力有了进一步的提升，也提高了旅游行业的服务质量，这就对旅游从业人员的素质提出了更高的要求。在这种情况下，旅游从业者需要更专业的旅游知识、更贴心的服务、更高效的安排，以满足消费者不同的个性化需求。

第四，产业的深度融合。互联网将旅游行业与其他行业深度融合，旅游从业人员需要对不同领域的业务和不同行业的操作方式和管理技术进行了解和掌握，以使旅游业和其他领域能够实现共赢。

第五，旅游的可持续发展。随着人们对环境保护意识的不断提高，旅游业也开始关注旅游对环境的影响，这也催生了旅游业的可持续发展。旅游从业人员需要了解可持续旅游的概念，运用可持续旅游的理念和方法，降低旅游对生态环境的损害，实现可持续的发展。

以上就是旅游行业职业发展趋势的方面，由此可见，在互联网+时代到来的背景下，旅游行业的职业发展也会受到诸多新的影响，随着各种互联网技术的不断革新，在未来的日子里，旅游从业人员需要不断学习、提升、创新，才能够适应行业变化，造就更加多元化、高素质的旅游从业人才队伍，促进旅游业的良性发展。

（四）文化娱乐行业

随着互联网+时代的到来，文化娱乐行业的发展趋势也在发生巨大变化，从传统的文化娱乐模式向多元化、数字化和智能化转变。这种转化不仅意味着行业本身的改变，也意味着相关人员的职业发展方向也将发生可预见和不可预见的变化。

第一，数字化技术能力的需求。随着互联网+时代的发展，数字化技术已经成为文化娱乐行业的一个重要组成部分，需要相关从业人员具备相应的技能。例如，熟练使用社交媒体、手机应用程序、虚拟现实和增强现实技术等，可以提高企业的营销能力，满足观众或听众的需求，同时也可以进一步促进文化娱乐行业的智能化。

第二，线上平台是主流。互联网+时代，文化娱乐行业向线上平台转变，线上平台的收入占比逐渐增加。因此，文化娱乐平台需要更多的数字化技术人才，熟悉各种线上平台的运营、推广、管理和分析，以提高平台的竞争能力。

第三，个性化创意能力的重要性。在互联网+时代，文化娱乐产品具有高度个性化特点，良好的创意能力是行业成功的关键。因此，文化娱乐行业需要更多的创意人才，不仅能为产品设计优秀的创意和拓新的市场，同时也需要实现精准的品牌传播和维护。

第四，多元化发展趋势。随着互联网+时代的到来，文化娱乐行业也将发展成为多元化的行业。例如，电影产业、音乐产业、游戏产业、文学产业等等，产业之间也将会相互联结，对文化娱乐从业人员的素质和技能提出更高的要求。对于文化娱乐行业从业人员而言，需要有强大的横向能力，了解整个行业的运作方式和各个环节的细节，同时也需要掌握不同媒体门类的核心技术，在众多领域中有全面的前瞻性视野和应对能力。

第五，文艺创作的创新。随着互联网+时代的到来，文艺创作也将朝更加创新的方向发展。从行业发展的角度来看，文艺创作要实现创新需要拥有先进的技术和思想，找到自己的定位，探索新的市场和用户需求。在文艺创作中，作家、编剧、导演等文艺创作人员需要接受更多的培训和训练，以掌握更多的技术和技能.

以上是互联网+时代，文化娱乐行业职业的发展趋势的方面。随着数字化、智能化、多样化和创新化的趋势推进，文化娱乐行业在未来的发展中将以人才为核心，既需要拥有传统娱乐行业的实践经验和专业素质，又要具备新兴技术的应用能力。只有具备这种多样化的素质和能力后，才能更好地顺应时代的发展和市场的需求，进一步创新和拓展文化娱乐领域的发展。

（五）生物医药行业

随着互联网+时代的到来，生物医药行业也在不断地转型升级，实现数字化、基因化、智能化的更新。这种变化也影响到生物医药行业的从业人员，从而对生物医药行业的职业发展方向和趋势产生深远的影响。

第一，生物信息学及大数据技术的需求。互联网+时代，生物医药行业正朝着数字化、智能化的方向转型。其中，生物信息学和大数据技术已成为行业中不可或缺的重要组成部分，相关从业人员需要具备相关技术和能力。例如，在医学数据的获取、管理、处理和分析领域，需要相关专业技术和人才支持，以更好地帮助企业在行业中保持竞争优势。

第二，医疗研发及创新能力的提升需求。随着互联网+时代的发展，医疗研发和创新能力的提升成为生物医药行业的一项重要任务。相关从业人员需要具备较高的医药研发和创新能力，例如需具备较强的医疗技术研究和创新能力，能够在新药研发、临床研究、药物库存管理及销售等方面进行专业的处理和运营。

第三，生产、供应链管理及质量控制的升级更新。随着互联网+时代的到来，生物医药行业的生产、供应链管理及质量管理等方面要求更严格，企业需要引入更多新兴智慧化技术，如物流管理、产品检测、质量追踪等方面的技术和方法，来提高工作效率和质量水平，并保证行业竞争力。

第四，合规风控意识的提高需求。在互联网+时代，企业面临更多的风险和挑战，与此同时，合规风控意识和能力也在成为生物医药行业从业人员的必备素质之一。相关从业人员需要熟悉国家法律法规、行业政策和相关门类规范，明确企业合规要求，遵守行业规范，控制企业经营风险，保障企业健康快速发展。

第五，跨学科交叉科技整合的趋势。生物医药行业的日益发展，推动了生物学、医学和计算机等领域的快速发展。因此，涉及生物医药行业的职业需要具备多领域的交叉知识与技能，能够在不同领域的技术操作和知识传输过程中充当重要的枢纽作用。

（六）健康管理行业

随着互联网+时代的到来，健康管理行业出现了很多新的发展趋势，使得这个行业变得越来越数字化、智能化、精准化和个性化。这些趋势不仅在技术上改变了行业，也深刻影响到健康管理行业从业人员的职业发展方向和趋势。

第一，数字化技术和智能化大数据对健康管理产业的影响。数字化技术和智能化大数据对健康管理行业产生了深刻的影响，例如智能设备、App、远程诊疗等等。这些数字化技术和智能化大数据，将成为健康管理行业未来的主要技术发展方向，相关从业人员需要具备相关的技术和能力。例如，不仅需要了解智能医疗设备如何使用和维护，还需要能够通过这些设备采集的数据进行分析和解读，为患者提供更加精准化和个性化的服务。

第二，精准医疗和个性化健康管理的需求。随着互联网和大数据技术的发展，健康管理行业也在朝着更加个性化和精准化的方向发展，要求健康管理从业者需要具备更强的医学知识和技能，能够根据患者的特定情况量身定制健康管理方案，实现更加精准化和个性化的医疗服务。

第三，健康管理行业的专业化和人才需求。随着健康管理行业的高速发展，行业内的竞争日益激烈，要求行业从业者在职业发展过程中不断提高专业技能，掌握行业最前沿的技术和理论知识。因此，未来健康管理行业的人才需求将变得越来越专业化、多元化和复合型。需要具备医学知识、管理技能、数据分析等多层面的能力和素质。

第四，服务市场和体系创新的需求。在互联网+时代，健康管理行业需要不断创新服务和体系，以满足不同用户群体的需求。因此，健康管理从业人员需要具备敏锐的市场洞察力和创新能力，能够不断推陈出新，满足市场需求。可以进行与保险公司合作，提供保险定制服务的形式拓宽市场空间。

第五，跨界合作和跨文化交流的需求。随着全球健康发展的需求，健康管理行业在跨界合作和跨文化交流方面也需要具备相关能力，与不同地区、不同文化习惯的团队进行合作和交流。在职业发展上，要求从业人员能够自我更新，拥有全球化思维和视野。

总之，随着互联网+时代的到来，健康管理行业的职业发展趋势出现了诸多深层次的变化，要求从业人员具备更全面、专业化、创新和全球化的素质和能力，才能在行业中适应变化、创造价值，促进健康产业的可持续发展。

第二节　职业信息的获取与分析

"职业是一个人为了不断取得个人收入而连续从事的、具有市场价值的特殊活动，这种活动决定着从业者的社会地位。可见充分了解职业信息是非常关键的。"[①]

一、职业信息的获取

获取职业信息是高校毕业生求职择业前的一项重要任务。职业信息越广泛，择业的视野就越宽阔；职业信息质量越高，择业的范围与把握性就越大。必须利用各种渠道、各种方法，广泛、全面地获取与择业有关的各种信息，为就业做好充分的准备。

（一）获取方向

1. 学校毕业生就业指导部门

学校毕业生就业指导部门是学校设立的专门从事毕业生就业工作的机构，是毕业生获取求职信息的主要渠道。毕业生就业指导部门与毕业生所涉及的各级主管部门和有关用人单位保持着长期、广泛而密切的联系，并且经过多年的工作实践及常年合作联系，已形成了稳定的关系。在每年毕业生就业阶段，学校毕业生就业指导部门会有针对性地向各用人单位发布毕业生资源信息函，并以电话联系和参加各种信息交流活动等方式征集大量的职业信息。

同时，这些部门一般在每年的 10 月至次年的 5 月专门组织各种形式的毕业生就业招聘会，在毕业生和用人单位之间架起一座信息桥梁，从而使毕业生获得许多职业信息。这些信息数量大，针对性、准确性、可靠性都较强。同时，学校还会将获取的职业信息及时加以整理，定期向毕业生发布，使学校毕业生就业指导中心成为毕业生求职择业最主要的信息来源。

2. 媒体与网络

电视、广播、刊物、网站、手机 App 等新媒体经常会发布一些招聘信息和广告，为求职提供较为集中的招聘信息，这种途径最大的特点是受众面广、传播速度快、形式活泼多样和信息传递量大。

---

① 文军，刘琼，李立. 大学生职业生涯与发展规划［M］. 成都：电子科技大学出版社，2019：43.

网络是兴起的新的沟通传播方式，目前，教育部、人事部门、高等学校毕业生就业指导中心、各高校都在网上开辟了专门网站，设有"就业政策""就业指导""人才数据库""人才站点导航""信息服务""推荐网址"等栏目，毕业生可由此方便快捷地获知职业信息。

3. 各类人才市场

为做好每年的毕业生就业工作，各级各类人才市场每年都要举办多场大中型的招聘会，高校每年也都要组织举办各种形式的双选会或校园专场招聘会。招聘会为毕业生与用人单位双向选择搭建了平台、提供了机会，毕业生要十分重视、充分利用这些机会，尽可能多了解相关情况，广泛获取各单位的用人信息。

4. 学校教师与校友

许多教师与校外研究所、企业、公司合作开发科研项目，有广泛的人脉，学生可以通过教师获得用人信息，不断补充自己的信息库。教师提供的职业信息具有重要参考价值。教师能更多地考虑毕业生的就业意向与职业的匹配，结合毕业生的学业成绩、在校表现及其资质、能力、特长，针对不同学生提供不同的职业信息，比较可靠，针对性强。

校友是职业信息的重要提供者。毕业生可以多找一些"师哥""师姐"，通过他们了解更多的职业信息。校友提供的职业信息的最大特点是比较接近本校的实际情况，尤其是本专业的毕业生在人才市场上的供求状况及其在具体行业中的实际工作、发展状况。特别是近年毕业的校友对职业信息的获取、比较、选择和处理有比较丰富的经验，他们提供的信息更具有参考价值。

5. 社会实践活动与社会关系

毕业生在实习、社会实践中，可以让用人单位充分了解自己，同时也可以清楚地了解用人单位的需求信息，抓住机遇，成功求职。

社会关系也是职业信息的重要来源。学生可以通过自己和家庭的社会关系获取各行各业的职业信息。

家长、亲友提供的职业信息主要来源于其个人的社会关系，或者其所在的就业单位，对职业需求信息知根知底，真实性较强、可靠性较大。

（二）获取要点

第一，广泛与重点相结合。当今社会科学技术迅猛发展，边缘学科、交叉学科不断出现，知识的渗透性更加明显。社会行业也由过去的专项性向综合性发展。所以在获取信息时不要仅仅局限于专业对口单位，对非对口单位的需求信息也要注意获取。但是在广泛获取的基础上，要确保重点，要全面了解专业对口单位的需求，因为这种单位对符合专业特点的人才需求量更大。

第二，纵向与横向相结合。市场经济的发展，要求地域之间加快人、财、物的流动和流通，取长补短，相互促进，形成合理完善的人才机制。所以在获取人才信息时，一方面，要把本省、地（市）的人才需求获取起来；另一方面，也要注意获取不同地区、不同领域的人才需求信息。

第三，动态与静态相结合。一方面，社会各行业在对人才的需求方面具有相对的连续性和稳定性，需要我们及时准确地获取当年的需求信息（静态）；另一方面，各行业是在竞争中求生存，随着经济的发展、市场的调节而变化。因此，必须同时了解、掌握、预测社会各行业在一个时期内对各类人才需求的动态信息，增强就业指导的预见性和主动性。

第四，注重用人单位对毕业生招聘条件的信息获取。总的来看，社会上急需德才兼备的人才。改革开放的今天，对大学生提出了新的、更高的要求，从政治素质、知识、实际工作能力，到身体状况，都要适应时代的发展，需要毕业生不仅要有远大的理想，还要有丰富的专业知识，较强的竞争意识，勇于开拓和脚踏实地的苦干精神。

二、职业信息的分析

（一）筛选

当收集到一定的职业信息后，毕业生就要结合自身的情况，依据国家有关政策、法规和社会常识对它们进行去伪存真、去粗取精的筛选，以及有目的、有针对性地排列、整理和分析。

很多用人单位在进行宣传的时候，通常只提自己的优势而掩饰自己的劣势。因此，毕业生在进行情况分析的时候要做到充分了解，心中有数，不要被表象所迷惑，失去准确的判断。

第一，甄别。甄别是信息处理的第一步。甄别信息首先，要确定信息的可靠程度，对于不确定的信息要通过各种渠道向知情人士去证实；其次，要甄别信息的内容是否齐全，特别是发现自己想知道的细节没有或者不清楚时，要抓紧时间进行实际考察、询问情况、了解实情。

第二，归类。经过甄别的信息仍然繁杂，因此还需要对信息加以归类。可以根据职业信息的不同属性分门别类地加以整理，这样既能防止职业信息遗漏，又便于检索查阅。

第三，挖掘。许多信息的价值往往不是浮在表面上的，必须经过深入挖掘才能发现。例如，根据有些单位的现状，可能还难以判断、预测单位和自己今后的发展状况；有些单位虽然条件可能差一些，但从长远看是有前途的，能够给员工较大的发展空间。这就要求毕业生既要站在高处，从长远的角度看职业、单位的趋势；又要留意信息的细枝末节，由表及里地挖掘信息的内涵价值。

（二）评价

信息的来源渠道不同，内容必然有实有虚，这就要求毕业生对每一条获得的职业信息进行评价。

第一，真实性。由于信息的来源渠道不同、传递方式不同，大量信息扑面而来，就会造成信息的真实程度不一。在当前人才市场尚不十分健全的情况下，假信息或不很准确的信息层出不穷，造成有的毕业生求职失败，贻误了求职的最佳时机。因此，毕业生务必冷静分析，增强判断职业信息真实性的能力。

第二，准确性。职业信息必须能够真实、全面、准确地反映用人单位的意图，不能含糊其词、模棱两可，否则容易造成误导，产生错觉。即使再简单的职业信息也要认真琢磨，仔细体会，对于一些不是十分清楚的职业信息要及时与信息的提供方取得联系或请教别人，获得准确信息。

第三，有效性。职业信息的有效性是一个相对的概念，指信息对于使用者而言是否有用，有用的即有效，无用的即无效。也就是说，某一个职业信息，别人看来很有价值，可能是一个很好的机会，但是对求职者本人或许一文不值，这并不是信息本身的问题。同样的信息造成不同反应的原因是不同求职者评价信息的标准不同，每条信息都有其特有的针对性。随着社会分工进一步细化，用人单位所要求人才的层次、专业、性别、能力等方面千差万别，职业信息本身必须能够说明它所使用的对象，以及该对象所应具备的具体条件；否则就会让每个人产生自己都适合、能胜任的错觉。因此，应该注意职业信息的有效性，不能盲目追求热门职业。适合自己的信息一定要予以重视，不适合自己的也要果断地摒弃，减少求职择业的盲目性。

第四，时效性。信息的一个很重要的特性就是时效性，即信息都有时间要求，在一定时间内是有效的，过了某个时间就失去了意义和作用。因此，在收集、整理和处理职业信息时一定要注意信息的有效时间，争取及早对信息做出应有的反应。

第五，可变更性。对于某些招聘信息所传递的专业、性别、学历要求等，乍看上去并不符合个人的应聘条件，因而就此却步。但实际上这只是用人单位最初的设想，随着形势的变化，最初的计划会有所调整，因而毕业生要结合用人单位的情况和岗位的核心特征进行分析，考虑一下该信息的可变更性有多大。

（三）利用

1. 鉴别职业信息利用的适合性

一旦职业信息被确认为真实有效，接下来就是要鉴别信息的适合性。可以从专业、兴趣爱好及性格特征三个方面来鉴别。

（1）专业的适合性。专业对口，往往是用人单位与应聘者的共同目标。专业对口可以缩短个人进入职业岗位后的适应期，使个人更容易发挥专业特长，既可以避免自己专业资源的浪费，也可以减少企业在职业培训中的投入。因此，要适当考虑职业信息与专业是否对口。

（2）兴趣爱好的适合性。兴趣爱好是一个人在职业中取得成功的重要条件，对一项工作有兴趣不仅可以促使自己投入大量的精力，而且有益于身心健康。在专业特长与兴趣爱好不相符的情况下，一定要权衡利弊，做出选择。

（3）性格特征的适合性。性格特征本身无所谓好坏，但是就具体的工作职位而言，性格特征有适合和不适合之分。例如，严谨、诚实、谦逊的性格适合从事科研工作，活泼开朗的性格适合从事社交工作，勇敢、沉着、果断的性格适合从事管理工作等。为此，在考虑专业和兴趣爱好的同时，也要兼顾到职业信息与自己的性格之间的吻合性。

2. 职业信息的利用原则

（1）发挥优势和学以致用的原则。发挥优势和学以致用的原则，即处理职业信息时，要尽量做到专业对口，发挥所长，学以致用，这样可以发挥优势，避免人才资源的浪费。如果说，实际的招聘条件不许可，那就可以选择相近专业的招聘职位。

（2）面对现实、理论联系实际原则。在使用职业信息时，要事先对自己有一个全面的认识和正确的自我评价，无论个人的愿望如何美好，在实际操作时都要面对现实。检查自己是否具有必备的条件。有些行业在学历、能力、年龄、性别等各方面都有一定的限制，事先应查核自己的条件是否符合。

（3）在政策范围内择业的原则。使用职业信息时，要把个人意愿和国家需要结合起来，并根据社会需要与自己的能力、愿望做出职业选择，这是使个人的择业愿望具有客观可行性的保证。

（4）辩证分析原则。辩证分析原则，即用辩证唯物主义方法论来分析信息，用历史的、发展的、变化的眼光来研究、处理信息的实际利用价值。

（5）综合比较原则。综合比较原则，即把所有的信息放在一起从各方面比较各自的利弊，寻找符合自己条件的职业。

（6）善于开拓原则。善于开拓原则，即将那些价值潜在的信息，深入思考，加以引证，充分利用。信息的价值会用则有，不会用则无。

（7）早做抉择原则。信息有很强的时效性，及时用之是财富，过期不用等于无。因为较好的职业总会吸引更多求职择业者，而录用指标却是有限的。如果延迟抉择，不及时反馈信息，往往会痛失良机。

（8）学习原则。善于总结，寻找不足。根据相关岗位的要求，并结合自身现有的能力，在求职中发现自己的不足。因此，求职者应该善于总结，调整自己的知识结构，锻炼自己还欠缺的能力，弥补不足。

（9）舍得原则。部分信息对自己也许没用，但对别人也许就有着很大的价值，遇到这种情况，应该乐于输出这些信息，不要紧抓不放。在输出信息的同时，既帮助了别人，也许同时减少了自己的一个竞争对手。

在使用职业信息时，一定要头脑清醒，不可随波逐流，人云亦云，不可偏听偏信，不能一味地追求高"理想"，而应该做到面对现实情况，实事求是，客观地评估自我，做出正确的选择。

第三节　大学生职业环境分析

近年来，社会的快速变化，科技的高速发展，市场竞争的加剧，对个人的发展都产生了很大的影响。在这种情况下，大学生如果能够很好地利用外部环境，就有助于事业的成功。

一、社会环境

了解环境首先应该从大的环境入手，即首先从社会环境入手。社会环境主要包括社会的政治环境、经济环境和就业环境三个方面。

（一）社会政治环境

当前，大学生的职业环境受到了社会政治环境的深刻影响。随着社会的发展变化，政治风险、政策环境等多种因素对大学生的职业选择、就业机会、职业发展等方面产生了重要影响。

首先，政治风险是影响大学生职业环境的一个关键因素。在我国，政府对于社会经济发展有着严格的管控，政府宏观政策、国情变化等都会对大学生的就业机会造成影响。随着外部经济条件、社会环境和就业市场的演变，用人单位对人才的需求也产生了变化。对于大学生来讲，不同的人才需求产生不同的职位机会，对应着职业选择方向和职业发展方向。

其次，政策环境也对大学生职业环境产生了深刻的影响。近年来，我国在教育、就业等方面实行了多项政策，打造了一系列鼓励大学生创业，提升大学生就业阳光化的措施。政府对于大学生创新创业的支持，不仅鼓励了大学生从事创业，更为大学生的就业提供了更多的选择。同时，政府推出响应式的就业政策，也为大学生提供了更多的职位机会，在创业和就业方面提供了大量的资源。

最后，大学生职业环境收到的社会价值观影响也越来越显著。近几年，全社会强调体现社会责任和价值观的工作，从而促进了世界级企业如谷歌、苹果等的发展。在现代职场中，个人的职业拓展与社会价值观、社会道德水平息息相关。此时，大学生呈现出对职业环境中社会价值稳定的需求，期待职场积极培养自身社会责任感，同时又回馈社会。

综上所述，社会政治环境是大学生职业环境分析中的重要组成部分，其对于大学生的就业、职业选择和职业发展等方面产生着显著的影响。大学生需要不断学习，积极适应职业环境的变化，同时寻找新的机会和路径，以更好地在现代职场中发展自身。

（二）社会经济环境

社会经济环境是指一个社会的经济发展水平、经济政策、劳动力市场、行业发展、科技发展等方面的综合体现，它对于大学生就业和职业规划有着至关重要的作用。

首先，社会经济环境的发展水平是直接影响着大学生就业和职业规划的因素之一。目前，随着我国经济的快速发展，国内高科技、服务业、文化创意产业等也得到了快速发展。这些新兴产业的出现不仅给大学生创造了更多的就业机会，同时也带来了更广阔的职业前景，使得大学生有更多的选择和更好展示自己的机会。

其次，经济政策也是影响大学生就业和职业规划的重要因素之一。政府的经济政策必将会对就业和职业发展产生不同程度的影响。例如，近年来政府针对"双一流"建设实施的相关政策，着力于打造"高水平大学和一流学科"，在进一步优化我国高等教育结构、加强高水平院校建设、推动高等教育内涵发展等方面都起到了积极的作用，为大学生更好的职业发展创造了良好的条件。

再次，劳动力市场也对大学生就业和职业规划产生重要的影响。随着经济发展的变化以及就业市场的不断调整，劳动力市场对专业人才需求的变化、薪酬制度、职业技能要求等方面都发生了非常大的变化。对于刚毕业的大学生而言，他们需要具备高素质高技能和多领域能力，方能在市场中取得较好的职业发展和保持更好的竞争优势。

最后，科技创新领域的发展也非常重要。随着科技的快速发展，许多新兴行业不断涌现。例如，人工智能、大数据、云计算等。大学生需要具备深入了解这些前沿技术的能力，提高创新意识和科技造诣，以不断提升在科技创新领域的竞争力和优势。

社会经济环境是影响大学生就业和职业规划的重要因素之一。大学生需要认真研究社会经济环境的变化，积极学习并适应市场的需求变化，提高自身素质和竞争力，以便更好地适应经济社会发展的要求。

（三）社会就业环境

随着全球化的不断深入和经济的快速发展，社会职业环境也发生了巨大的变化。

第一，就业形势。随着社会经济的迅速发展，就业形势在不断地发生变化。在以前，毕业生找到一份合适的工作相对容易，但如今，随着竞争的加剧和就业机会的减少，毕业生面临的就业压力越来越大。在当前的经济形势下，不同学科、不同专业的毕业生就业情况也不尽相同。

第二，就业市场。就业市场是影响毕业生就业的最关键因素之一。不同地区和行业的就业市场存在很大差异。一些行业和地区的就业市场非常繁荣，而另一些则比较困难。毕业生应当根据市场形势，合理选择就业地点和行业。

第三，人才需求。随着社会经济的不断发展和技术的不断进步，不同专业的人才需求也日益增多。一些新兴行业和领域也有了越来越多的就业机会。因此，学生在选择专业时应该充分考虑就业市场的需求，尽可能选择未来前景较好的专业，以增加自己的就业竞争力。

第四，就业竞争。就业竞争是决定毕业生就业的关键因素之一。在现在的就业市场中，职位竞争激烈，不同层次和不同专业的求职者都会争夺同一个职位。因此，毕业生应该不断提高自己的竞争力，在校园内外积极参加相关实践活动，提升自己的综合素质和能力。

总体来说，对于大学生而言，就业环境是十分重要的。在当前的就业形势下，毕业生要充分了解就业市场和行业的发展趋势，了解自己的专业优势和不足，积极寻找就业机会，提升自我竞争力，以求在竞争激烈的市场中立于不败之地。

二、学校环境

大学生在制订个人职业规划的过程中，必须对学校环境有清晰的认知。学校环境是指在校学生所处的校园文化、教育资源、教学环境等方面的情况。对于大学生而言，学校环境对于他们的职业规划有着深远的影响。

首先，学校文化是大学生职业规划的重要因素之一。不同的学校文化会影响学生的学习态度和职业目标。比如一些大学强调实践教育，鼓励学生积极参与并组织实践活动，这种学校文化下的学生往往更加注重实际操作和能力培养，有利于拓宽职业发展道路。另一些高校则注重学术研究和理论培养，这种学校文化下的学生往往更加注重理论知识和专业素养，有利于从事有关学术研究和教育工作。

其次，教育资源也是大学生职业规划中的关键因素。不同学校的教育资源包括师资力量、教学设施、实验实践平台等都受到限制。一些大学拥有强大的师资力量和众多的学科实验室，能够为学生提供更多的学科培训和实践机会。这对于大学生职业规划的制定来说是具有重要价值的。

最后，教学环境也是大学生职业规划中一个重要因素。关于教学环境的因素有很多，如教学质量、课程设置、课堂气氛等各个方面。一个良好的教育环境可以帮助学生培养自己的学习兴趣和职业素养，从而使得他们对自己的未来发展方向有清晰的认知和明确的规划。

总之，学校环境对于大学生职业规划来说是一个不可忽视的元素。要制订好自己的职业规划，必须从大学生的学校环境出发，认真分析、评估和规划自己的职业道路。同时，不断扩展自己的知识面和学科背景，积极了解各种职业相关信息，完善自身的职业技能和能力，为未来的职业道路打下坚实的基础。

三、家庭环境

"家庭在大学生成长过程中扮演着非常重要的角色，家庭中的许多因素都会对大学生职业发展决策产生关键性影响"。[①] 个人职业发展规划的确立，总是同自身的成长经历和家庭环境相关。个人在成长的过程中，会根据自己的成长经历和受教育的情况不断修正、

---

① 　彭国霞. 家庭因素对高校学生职业发展决策的影响研究 [J]. 开封文化艺术职业学院学报，2020，40（5）：81.

调整，并最终确立职业理想和职业规划。家庭环境作为大学生就业重要的外部环境，它从整体和个体两个层面影响着大学生就业和职业发展。

（一）家庭环境的分类

家庭环境有软环境、硬环境、内环境和外环境4部分，它们对于一个人的一生有至关重要的影响作用。家庭环境对一个人的成长和发展的影响是多方面的，从个人的行为模式到人际关系、学业和职业前景都有很大的影响。其影响主要来自家庭的软环境和硬环境，其中软环境主要包括家庭教育方式、家庭结构和家庭价值观等方面，而硬环境则主要包括家庭资源和家庭文化水平等方面。

1. 软环境

家庭教育方式和家庭结构常常是影响个人品德和人际关系的主要因素。一个稳定、和睦、有良好家风的家庭，往往可以培养出一个品德高尚、自信乐观、有亲和力的个体。相反，一个矛盾、纷争不断的家庭，可能会培养出一个性格孤僻、习惯性抑郁的个体。因此，家长要注重引导和关注孩子发展，用爱和宽容来对待孩子，同时也要注重自身的言行规范，为孩子树立正确的榜样。

2. 硬环境

家庭资源和家庭文化水平则在很大程度上决定了个人的学业成就和就业前景。在家庭资源有限的情况下，孩子可能没法接受到良好的教育资源，缺乏适当的培训和训练，这可能会影响到其未来的职业发展。相比之下，具有优越资源的家庭，孩子更容易获得更好的教育和培训机会，从而获得更好的工作和职业发展。所以，家长应该尽力提供更多的教育和资源支持，为孩子的未来打下更好的基础。

3. 内环境

除此之外，家庭内环境中的人和事也会对个人的心理健康和情感发展产生重要影响。一个温馨、和谐、开放的家庭，能够培养出一个乐观、自信、情感上健康的个体。而一个缺乏温暖、压抑和紧张的家庭，则可能会培养出一个内向、消极、情感上不稳定的个体。因此，家长也要注重与孩子的沟通和交流，关注孩子的情感变化和身体健康等方面，让孩子感受到家人的温暖和关爱。

4. 外环境

外环境也会对个人的成长产生影响，周围的环境和人际关系、活动场所等因素，都会对个人的社交能力和适应性等方面产生影响。一个能够鼓励孩子多接触不同社会群体和场所的家庭，可以帮助孩子更好地适应未来的社会环境。相反，一个过于保护孩子的家庭，可能会让孩子缺乏接触和探索外部世界的机会，影响其社交能力和学习能力。因此，家长应该引导孩子多尝试新的领域和场所，增加社交机会，扩展孩子的知识和视野。

（二）家庭环境的重要性

人在不同的环境中成长将会受到环境的影响，形成不同的性格、人生价值观、世界观及人生态度。挑剔中成长的孩子学会苛责，敌意中成长的孩子学会争斗，讥讽中成长的孩子学会羞怯，羞辱中成长的孩子学会愧疚，宽容中成长的孩子学会忍让，鼓励中成长的孩子学会自信，赞扬中成长的孩子学会自赏，公平中成长的孩子学会正直，支持中成长的孩子学会信任，赞同中成长的孩子学会自爱，友爱中成长的孩子学会关爱，可以说孩子的成长很大程度上取决于周围环境的影响。孩子早期大约有 2/3 的时间要在家庭中度过，而且完全依赖于家庭成员，所以家庭环境将为孩子一生成长的方向起着至关重要的作用。家庭环境影响是多层次、多侧面的。

1. 良好的家庭情绪氛围是良好心理素质形成的前提

家庭的情绪氛围是指家庭中占优势的一般态度和感受，它是通过语言和人际氛围构成的。这种氛围直接影响着家庭中每个家庭成员的心理，尤其对儿童个性品格的形成影响深远。如有的家庭，成员之间和谐、融洽，尽管有时发生意见，但在原则问题上是团结一致的，这样不但使孩子学会了对人的互助、互爱、合作、谅解，使孩子的思维意志、能力等得到和谐发展，而且从中获得安全感，形成乐于接受教育的自觉性。

建立良好的家庭心理氛围，是孩子良好心理素质形成和发展的前提条件。要大力提倡家庭美德，正确处理家庭成员的相互关系，形成良好规范；要以理服人，以情感人，以样教人；要和睦相处，尊老爱幼，语言文明，努力构建家庭的融洽气氛，充分体现家庭是生活之港湾，才有助于孩子心理素质的形成。

2. 父母良好的教养态度是良好心理素质形成的关键

父母是孩子的第一任老师，是孩子学习的榜样，父母的教养态度和教育方法直接影响孩子的行为和心理。不同类型的家庭的不同教养态度对儿童个性品格、心理素质的形成的影响是不同的。年轻的父母是家庭教育的主心骨、顶梁柱，是孩子言行举止的示范者、待人接物的指导者、孩子成长的责任人，因此有责任去构建良好的家庭环境，掌握正确的教养态度和方法，使家庭呈现民主、和谐、平等的融洽气氛，才能培养孩子讲责任、讲民主、讲勤奋、讲进步，不骄不躁、自尊自强的好品格。

　　良好的家庭环境是家庭教育成功的基本条件。家庭环境是孩子良好心理素质和健康成长的土壤。因此，当前开展素质教育，优化家庭教育最关键的问题是必须大力提高家长的自身素质，提高家长的责任，认识培养孩子健康心理的重要性，并努力克服家庭结构变化等带来的障碍，为子女的成长创设一个良好的家庭环境。

第四章 大学生职业生涯发展决策

第一节 职业发展决策的理论及意义

职业发展决策是综合了个人对自我的认识以及对教育与职业等外在因素的判断，在面临生涯抉择情境时所作出的各种反应。其构成要素包括：决策者个人目标、可供选择的方案和结果，以及对各个结果的评估。而过程与结果则受到机会、结构等社会因素以及个人价值观和其他内在因素的影响。

一、职业发展决策的理论

（一）丁克里奇职业发展决策风格理论

丁克里奇职业发展决策风格理论将个人决策所采取的风格分为以下八种类型。

第一，烦恼型。烦恼型的大学生过度收集信息，使用信息时又过度担心，甚至会花很多时间和精力来收集信息，确认有哪些选择，向咨询师咨询，反复比较却难以做出决定。烦恼型的大学生收集再多的信息进行分析比较也效果甚微，他们要思考是被什么样的情绪和非理性观念所困扰而导致犹豫不定。

第二，冲动型。冲动型的大学生容易冲动地选择第一个能够容易实现的职业目标，不再考虑其他的选择或者进一步收集信息。其想法往往是先找到一份工作。冲动的决策方式风险太大，等到有更好的选择时大学生会非常后悔。

第三，直觉型。直觉型的大学生把自己的直觉感受作为决策的依据，这在无法获得大量信息的时候会比较有效，但可行性和规划的延展性可能不符合事实，甚至可能会因自身的偏见与职业目标产生较大的偏差，建议此种类型的大学生调整决策风格。

第四，拖延型。拖延型的大学生时间观念较差，不断往后推迟决策，直到最后一刻才做决策，甚至是被迫做出可能不适合自己的决定。拖延型决策，决策问题将由于拖延变得更难以解决。

第五，宿命型。宿命型的大学生自己不愿做决定，而把决定的权利交给别人或者命运，认为做什么选择都是一样的，直到机会到来时才做出决定。这类大学生心理状态大多比较无助，容易成为外部环境变化的受害者，最应该主动说出决策问题，以寻求帮助或者鼓励。

第六，顺从型。顺从型的大学生过于依赖外界的指导，虽然想做决定，但是无法坚持己见，常会屈从于他人或是跟随大多数人的决定，可能在群体中获得了安全感，不过在决策过程中会忽略自身的独特性，从而导致决策结果不适合未来职业的发展。

第七，瘫痪型。瘫痪型的大学生在接受决策任务时，会由于压力而过于焦虑，担心决定产生的结果，不愿意为结果负责，选择停止不前来逃避做决策。这种心理可能与家庭在其成长过程中的教育和行为培养方式有关。

第八，计划型。计划型的大学生是八种决策类型中最好的，能够准确、全面地说出自己对职业目标的选择标准和依据，以做出适当且明智的决策，同时还会对周围的人或事产生一定的积极影响，是应当积极提倡的决策类型。这种类型的大学生会意识到决策对于个人职业生涯发展的重要性，从而积极地收集职业信息，可能会使用标准化决策模型所推荐的理性策略主动解决问题。这种类型的大学生会根据具体的情形动态调整自己的选择。

（二）PIC 模型理论

PIC 模型理论基础是排除理论，在生涯决策理论与实践中具有一定的参考与实践意义。P 代表排除阶段（Prescreening）、I 代表深度探索阶段（In Depth Exploration）、C 代表选择阶段（Choice）。

PIC 模型理论对于大学生职业发展决策方案的选择通常都是多属性的，在选择过程的每一阶段，要挑选出某一属性或某一方面，根据其重要性对之做出评价，排除不符合决策要求的属性，直到剩下某种未排除的方面或属性时，再做出最后的选择。

1. 排除阶段

很多大学生在做职业决策时，备选的决策方案是很多的。排除阶段的目的就是将这些备选的决策方案数目减少，达到可操作的水平，以便决策者能够为每个方案收集广泛的信息，并且有效地加工这些信息。排除阶段可以分为以下三个步骤。

第一，初定有可能的方案。寻找有可能的方案是建立在个人对有关方面的偏好这一基础之上的，如个人的职业价值观、兴趣、能力、工作环境、培训时间、工作时间、人际关系类型等。

第二，根据重要性排序。按照自身的重视程度给可能的方案排序。

第三，排除不易操作的方案。根据重要性排序情况思考方案可接受的水平，排除与个人偏好不符的方案，直到剩余"有可能方案"的数目在可操作的范围内。

2. 深度探索阶段

深度探索阶段的目的是找到一些不仅是有可能的，而且是合适的方案，获得深度探索阶段的方案清单。首先，大学生要考察自己是否真正能达到方案核心层面规定的要求；其次，要考虑自身的教育背景、实践经验是否能够支撑方案的实施；最后，要考虑每个有方案的先决条件，如相关的从业资格证书等。

3. 选择阶段

根据上两个阶段的分析，选择对自身来说最合适的方案。首先，要注意关注第二阶段得出方案的特点，将方案的优缺点进行比较，考虑方案之间的平衡挑选其一；其次，使用收集到的信息评估实现该方案的可能性，如果存在不确定性，则建议回到前面的步骤，搜寻更多的、可能被认为是"次等的"但仍然适合的方案。

（三）认知信息加工理论

认知信息加工理论（CIP）是职业生涯选择和职业生涯发展理论体系中的一个非常重要的理论，"认知信息加工理论强调从信息加工的取向看待职业决策问题，即准确'认知'到生涯选择的内涵是增进求职者职业选择能力的关键"[①]。认知信息加工理论是基于在生涯问题解决和决策制定过程中大脑如何接收、编码、储存和利用信息和知识这一理念而形成的理论，强调大学生要关注职业生涯问题的解决和职业发展决策的思维、记忆过程，它将职业生涯规划的过程视为学习信息加工能力的过程。

认知信息加工理论的核心观点是金字塔模型和 CASVE 循环，之所以认知信息加工理论在大学生职业发展决策中具有很强的实践作用，主要是因为其在知识领域的完善、生涯决策的改进、元认知技能的改善等三个方面所发挥的积极作用。

位于金字塔底部的是知识领域，包括自我认知（对自身兴趣、性格、技能、价值观等的了解）和认知外界（对于工作世界的认识）。金字塔的中间是决策技能领域，即一般性的信息加工包括沟通、分析、综合、评估、执行五个阶段，构成了决策的 CASVE 循环。最上层是执行领域——元认知，是个人对自身认知过程及结果的知识、体验和调节，包括

---

① 　汪恭敬. 认知信息加工理论视阈下大学生职业决策困难成因及对策 [J]. 巢湖学院学报，2021，23（5）：157.

个人所具有的关于自身思维活动和学习活动的知识，对自我的觉察和对自己进行认知活动的过程和结果的监督控制。

在认知信息加工金字塔中，知识领域相当于计算机的数据文件，需要大学生在日常的学习和生活中进行存储。决策领域相当于计算机的程序软件，让大学生对所存储的信息进行加工处理。执行领域则相当于计算机的工作控制功能，操纵计算机按指令执行程序。在这三个领域中，知识领域是基础。没有较全面而准确的自我认知和职业知识就无法做出合理的职业决策。执行领域则对上述两个领域的状况进行监控和调节。

二、职业发展决策的意义

大学生职业发展决策的意义是巨大的。大学生阶段是一个人职业规划的重要时期，因为这时候他们选择的专业和研究方向将直接影响他们未来的职业发展。

首先，大学生职业发展决策的意义在于为个人的未来奠定基础。在大学时期，学生们接触到广泛的学科和领域，他们通过自己的学习和实践经验来确定自己的职业兴趣和天赋。通过这一过程，学生们能够发掘自己的性格特点和职业优势，并选择通往未来职业成功的道路。如果学生在大学时期没有挖掘自己的潜力和优势，他们很可能会发现自己在未来的工作中感到不满意或者无法实现自己的职业目标。

其次，大学生职业发展决策的意义在于帮助学生了解自己所选择的专业及其未来发展趋势。通过选择正确的专业，学生可以了解自己所感兴趣的领域和专业的未来职业发展前景。学生可以通过了解这些趋势来规划自己的职业生涯，从而更好地掌握未来的机会。

再次，正确的职业发展决策还有助于学生形成正确的价值观和职业道德观。职业发展不仅仅是为了获取金钱或者某种地位，更多的是为了实现个人的职业和生活目标。因此，在选择职业生涯时，学生要对自己的价值观和个人追求进行评估和探讨。正确的职业发展决策可以帮助学生形成健康的职业道德观和正确的职业价值观，从而提高他们获取职业满足感和成就感的机会。

最后，大学生职业发展决策的意义在于帮助学生适应市场和社会的需求。随着全球化和经济技术的迅猛发展，市场对于职业能力和素质要求越来越高。通过职业发展决策，学生可以选择适合市场和社会需求的专业或者领域，从而在未来职业领域更加稳定和成功。

大学生职业发展决策的意义在于为个人的未来奠定基础，帮助了解自己所选择的专业及其未来发展趋势，形成正确的职业价值观和职业道德观，并帮助适应市场和社会的需求。由此可见，职业发展决策在大学生职业生涯规划中起着至关重要的作用，学生应该充分考虑这个问题，做出合理、科学和可行的决策，为未来的职业生涯做好充分的准备。

第二节　职业发展决策的原则和类型

一、职业发展决策的原则

第一，社会需求原则。社会大环境要求大学生在做职业发展决策时必须与社会需求相结合，以社会需求为出发点的决策才具备可行性和发展性，这是一个最基本的原则。一些传统行业在逐渐被信息化产品取代，这是决策中不能忽视的社会需求因素。

第二，兴趣发展原则。兴趣是最好的老师，职业发展决策的结果要符合大学生本身的喜好。做自己喜欢的工作，能够有效地将兴趣转化为动力，最终成为事业发展的长久动力。但在做决策时，并非所有的决定都与兴趣有关，有的大学生对所学的专业或从事的工作并不感兴趣，但如果计划以此为职业，就应该尽快发展和培养职业兴趣。所以在决策时，不仅要选择自己喜欢的职业方向，更要主动去培养职业兴趣，从学习和工作中找到乐趣。

第三，能力胜任原则。在职业发展决策过程中不仅要找到感兴趣的工作，更要找到擅长的工作。从事任何职业都要具备对应的职业技能，以便满足职业岗位的需要，同时也会让人有成就感。所以大学生在做职业发展决策时，要对自己已经具备或即将具备的能力有所了解，根据自己的能力来判断是否能够胜任这个职业，即使有的能力欠缺，也可以努力去提升。

第四，利益整合原则。大学生进行职业发展决策的目的是找到发展方向作为生活的依靠，满足自己的物质和精神方面的需求，获得幸福感。所以，职业回报、行业发展状况、生涯路径会使大学生在职业生涯规划的全周期中展现收益的最大化。在进行生涯决策时，要考虑各方面利益的整合，如能否满足个人的物质需求和精神需求、职业发展的前景如何、社会地位怎么样、个人的成就感如何、个人要付出的努力和代价是什么，以此来保障自己的利益最大化。

二、职业发展决策的类型

在职业发展决策的过程中，决策者的决策类型对职业决策的影响很大，不同的决策类型做出的决策结果是不一样的。

职业发展决策指的是根据各种条件，经过一系列的活动而进行的目标决定，以及为实现目标而制订优选的个人行动方案。总的来说，常见的职业发展决策有以下三种：

第一，确定无疑的决策，即所有的选择及结果都非常清楚、明晰；

第二，有一定风险的决策，即每种选择的结果并不能完全确定，但可以在一定程度上知道可能会有什么样的结果；

第三，不确定的决策，即对于有哪些选择、各种选择会产生什么结果，几乎完全不清楚。

生活中的大多数决策都属于第二种，也就是说能获得一定的信息，做出某种预测和选择。当我们面临第三种选择时，可以先搜集信息，把它变成第二种决策。

第三节　职业发展决策的步骤和方法

一、职业发展决策的步骤

大学生职业选择决策的具体过程主要是在自我认知、职业认知的基础上，通过分析专业、职业选择、职业定位、行业与职业外部环境需求与机遇等问题，面对外部客观职业世界的需要，知道自己的职业发展乃至人生发展的需要，最后做出决策的过程。

（一）界定问题

界定问题即认识自我的过程，明确自己想要什么，自己对此存在哪些优势与不足，在此基础上制定出明确的目标和实现目标的时间表。在这一步，大学生应注重激发自我职业决策都意识。只有当个人自觉意识到职业决策的重要意义时才不会人云亦云，并且这种意识的培养必须从大学低年级开始。大学一年级学生对于职业发展前景的信息常常存在一定的盲目性和不完备性。这就要求学生应该根据自身特点，包括身体、心理、兴趣及能力等各个方面特点，尽早确定职业方向。

大学生还要注重参加学校组织的相关课程指导的学习，通过课堂学习、生涯人物访谈、职业实践认知等方面的锻炼加深对所学专业的了解；通过与专业教师的交流来了解本专业的职业定位，使自己的所学与社会职业相联系，并通过社会实践活动和职业实习真实地参与相应的职业活动，获得更多的工作经验，从而激发自我主动思考职业，提高职业决策的意识和决策能力。

（二）拟订行动计划

拟订行动计划即收集与目标或目的有关的信息资料，在明确自己需求目标的基础上，思考可能达到目标的各种行动方案，并规划达成目标的流程。

在这一步要注意直面一定会存在的"决策风险"。决策风险是指在决策活动中，由于主、客体等多种不确定因素的存在，而导致决策活动不能达到预期目的的可能性及其后果。如何降低决策风险，减少决策失误，是大学生在职业生涯规划时要考虑的主要问题之一。同样在生涯决策中，也存在着一定风险，既不能因为怕承担风险而迟迟不做出决定，也不能因为总会有风险而莽撞地做出决定。

（三）澄清价值

澄清价值即界定个人的选择标准，明确自己最想要的是什么，以此作为评量各项方案的依据。

（四）找出可能的选择

找出可能的选择即广泛收集资料，估算个人对于每个行动方案的喜好程度。在这一步，大学生应及时完整地收集有关职业决策和职业发展的信息，从而充分认识职业社会，还必须意识到职业决策是一个循环的过程，它贯穿于整个在校学习期间。

（五）评估各种可能的选择

评估各种可能的选择即依据自己的选择标准和评分标准，逐一评价各种可能的选择，选择其中的一个方案执行。在这一步要注意通过信息收集、自我评估及实际的规划制定过程来不断检验，从而对于决策结果及时做出调整。

（六）为决策做减法

为决策做减法即要有系统地删除不适合的方案，选择其中的最佳方案。在这一步，大学生需要注意加强自身心理素质的培养，要养成乐观开朗、积极向上的生活态度。在学习生活中应注意自身压力的排解，积极参加集体活动，加强与同学的交流；自己在生活中不能处理的问题或矛盾应及时与家长或老师沟通。尤其在职业规划过程中应敢于发现自己的问题，并向老师、家长寻求帮助。

（七）开始行动

开始执行行动方案，以达成选定的职业目标。如若没有成功则可继续调整，采用其他可行的办法，做到随机应变。在这一步，要注意以下三点。

第一，对于特定的职业发展决策困难学会妥协。职业抱负发展理论认为职业抱负发展经历两个过程：范围限定和妥协。所谓范围限定，就是一个从可能的职业范围中逐渐去除不可接受的工作，从而建立"可接受领域"的过程，即从所处文化允许的范围内开辟出一个可选空间的过程。所以职业选择考虑的首先应是社会，然后才是心理自我。妥协则是个体放弃他们最为优先考虑的选项的过程，是调整自己的期望以适应外在现实的过程。所以从某种意义上说，能够妥协是职业成熟的表现。

建议大学生有准备地在三个方面进行职业妥协：发展机会、人职匹配和社会期望。有研究表明在职业妥协的这三个方面，人职匹配对工作投入的负面影响最大，其次是发展机会的妥协，而社会期望妥协不会对工作投入产生显著影响。因而建议在进行职业决策时，应该首先考虑职业与自身的兴趣、技能和知识等的匹配程度，其次考虑工作未来的发展机会，他人和社会的看法只作为参考。从妥协的角度来说，建议首先妥协他人和社会的看法，其次是工作未来的发展机会，最后是人职匹配。

对于大学生来说，有的人在职业妥协时显得很不理性，盲目听从他人观点，或者绝不妥协。这些不理性的妥协行为会影响个人的职业发展。但是需要注意的是，也不是每个人都要按照固定的顺序来进行职业妥协，而是应该根据自己的实际情况，选择最适合自己、最适合当下的方式。

第二，勇于为自己的选择负责任。大部分的决策都不可能让我们了解到全部信息，都有需要预测的部分，都具有不确定性和风险。因此，做决策就意味着要承担风险，要承担后果，为自己的选择负责任。

如果同学们是凡事求稳妥的人，则建议给自己设定一个底线，在有底线的基础上去冒险。

第三，要学会应对未知的焦虑。在生涯决策的过程中，有很多时候会面临未知，人面对未知的世界难免会产生焦虑，这种焦虑是很正常的。例如决定要考研，但不确定自己是否能考上，就需要积极面对自身的焦虑。如果这种焦虑已经影响到正常生活和学习，那么就需要专业求助。

二、职业发展决策的方法

（一）SWOT 分析法

SWOT 分析法的提出者是哈佛商学院的安德鲁斯教授，该分析法主要用于为企业中长期发展制定策略。近年来，它常用于职业发展决策、管理、营销等领域，对大学生所处的情景进行全面、系统、准确的研究，从而根据研究结果制定相应的规划、战略、对策。SWOT 分析法在职业发展决策中是一个非常有用的工具，大学生通过 SWOT 分析，会较清楚地知道自己的优缺点在哪里，会评估出自己所感兴趣的不同职业道路的机会和威胁所在。总的来说，这种分析方法在实际运用中具有明显的科学合理性，因此，可以将分析结果作为职业决策的主要依据。

SWOT 分析法，S 代表优势（Strengths）、W 代表劣势（Weaknesses），O 代表机会（Opportunities）、T 代表威胁（Threats）。优势、劣势属于内部因素，机会、威胁属于外部因素，由此，SWOT 分析法可以分为两部分：第一部分为 SW，主要用来分析个人条件；第二部分为 OT，主要用来分析外部条件。内外结合才能将个人的职业目标、个人条件、内外部环境有效结合起来。SWOT 分析主要包括以下四步。

第一步：评估自身的优势和劣势。大学生要根据自己的价值观、性格、兴趣和技能找出自己的优势和劣势，也可以通过职业测评软件得出直观的分析结果。之后要努力去发挥优势，改善劣势，同时，要敢于放弃那些自己不擅长的、能力要求不易达到的职业，规避自己的劣势，在不断完善自己的职业能力的过程中提高职业素养。

第二步：找出自身的职业机会和威胁。机会与威胁都是并存的，不同的行业、公司、职位都面临不同的外部机会和威胁，这些机会与威胁在很大程度上制约着职业生涯的发展。找出这些外界因素，对于大学生找到一份适合自己的工作是非常重要的，因为这些机会和威胁会影响第一份工作和职业发展。

第三步：确立中长期职业目标。列出 5 年内的职业目标，对所期望的每一个职业目标进行 SWOT 分析，同时思考自己想从事哪一种职业，希望拿到的薪酬范围，等等，这些目标必须发挥出自身优势，与行业提供的工作机会相匹配。

第四步：论证职业目标的可行性。为所列出的职业目标拟订一份具体的行动计划，结合 SWOT 分析中内外因素的优势与劣势，详细分析达到职业目标的可能性，分析为了实现每一个目标要做的每一件事，何时完成这些事。如果需要外界帮助，则要分析需要何种帮助和如何获取这些帮助。比如，分析技术职位需具备的业务能力和创新能力，要获得预期的报酬需要具备的相关职业素养、专业技能等，这就需要大学生结合自身情况进行探讨，并对职业计划和行动进行理性的分析。

（二）CASVE 循环

无论在人生规划的哪个阶段，CASVE 循环都是解决职业决策问题的良方，我们可以把 CASVE 循环当作生涯决策的一个经典例子。同时，CASVE 循环还是信息加工理论的核心观点之一，与金字塔模型一起组成了认知信息加工理论的核心观点。

解决职业生涯问题不是一件事，而是一个过程，即一个包括了五个步骤的 CASVE 过程。C 代表沟通（Communication），A 代表分析（Analysis），S 代表综合（Synthesis），V 代表评估（Valuing），E 代表执行（Execution）。在开始这五个步骤之前，大学生一定要对自我认知有较清晰的定位，对职业环境有较全面的探索。

第一步，沟通。沟通是职业发展决策的开始，可以通过内部沟通和外部沟通来完成，其目的是要明确自己需要做出选择的各个阶段，要开始寻找理想和现实之间的差距。

第二步，分析。通过沟通，大学生发现了理想与现实的差距，在分析阶段，就要去考虑自己的选择会出现的各种可能性。这个步骤很重要，但是基于很多实际的生涯与就业咨询案例，很多大学生会简化这个环节，直接过渡到下一个步骤，这样会弱化决策的根基，也就失去了规划的意义。做好分析需要把握住最核心的问题，即"以最终目标为主线"。这会帮助大学生一边规划一边想明白自己的选择会出现的各种可能性，从而分析好每条路上可能出现的问题。建议大学生问自己三个问题，来明晰最终目标：一是我最不想做什么样的工作、过什么样的生活；二是我最期待的工作和生活状态是什么，家人朋友如何看待这种状态；三是我最佩服的人有什么生涯目标。

第三步，综合。综合主要是根据分析步骤得出的信息，设计出符合要求的方案，确定解决问题的方法。大学生一般对于未来会有很多设想，在深入分析后可以得出许多与自身较匹配的职业方向。综合就业是要去做减法，发散思考每一种方向的可能性，最后将目标方向压缩到3~5个，以达到最有效的可行方向。

第四步，评估。评估是对综合得出的目标进行详细的评估和排序。大学生需要评估自己从事目标行业的适应性以及对家庭的影响，按照优先顺序排序。

第五步，执行。任何目标的实现都少不了行动。执行是 CASVE 循环的最后一步，前四步都是为了执行做出的铺垫。要实现职业生涯的成功发展，关键还是要在执行步骤将所有规划付诸实践。在执行过程中，既需要制订可行的计划，还要积极地实践尝试并付诸行动。在行动中要评估设定的目标是否合理，是否符合自己的实际情况；如果不是，就要进行新的决策过程，再次回到沟通阶段，开始新一轮的 CASVE 循环，直到职业生涯中的问题被解决为止。

职业生涯规划是一个动态变化的过程，CASVE 循环正是通过循环思考引导大学生不断发现问题、解决问题，达成最终目标。

（三）决策平衡单

在职业发展决策中，大学生常会犹豫应该取舍什么职业目标。

决策平衡单能帮助大学生分析每一个可能的方案，把各种规划进行细化、分析、整理，从而通过数据化的排序，直观做出判断应该选择哪个职业目标。CASVE 循环中的"评估"步骤可以通过决策平衡单来进行。

决策平衡单主要将决策的评估方向分为四个部分，即自我物质方面的得失、他人物质方面的得失、自我精神方面的得失、他人精神方面的得失。决策平衡单的具体使用步骤如下。

第一，选择想要比较的发展目标。如考研、求职公司、基层就业、出国，等等。

第二，明确四个部分的具体内容。针对某一个可供选择的职业发展方向，列出自己所有的考虑因素，从对自己、其他重要的人等不同的角度，分析会带来怎样的得与失和这些得与失是否可以接受及原因。

第三，拟订各因素的加权分值。根据自身情况考量各因素的重要性，根据考虑因素的重要程度，分别设定 1~5 的权重系数，重要程度越高，分值越高。

第四，为因素打分。因素的计分范围为 -5~5 分，对大学生越重要的因素，分数越高，反之越低。将分数填在对应栏中，然后与权重相乘得出加权分数。

第五，计算总分进行决策。将各选项加权分数合计得出总分，一般总分最高的方案即为最优选择，但是在实际操作中大学生常会因为某个因素调整选择。

（四）5W 归纳法

5W 归纳法也是职业决策过程中经常用的方法，在日常的学习生活中，可以通过依次回答 5 个问题，并通过答案的交集来进行生涯决策。

问题 1：Who am I？（我是谁？）这个问题的目的是引导大学生对自己进行深刻的反思，充分了解自己的优点，对自己有一个全面、客观、清醒的认识，把自己的性格特征、特长、能力等方面的优势挖掘出来，更加清晰地明确职业目标。

问题 2：What do I want？（我想做什么？）这个问题的目的是引导大学生清楚地知道想

要什么样的职业和什么样的生活。虽然随着年龄和经历的增长，每个人在不同阶段的兴趣发展不完全相同，但兴趣对职业的发展有着重要的导向作用，可根据兴趣来锁定一个人的职业发展方向。

问题3：What can I do?（我能够做什么?）这个问题的目的是引导大学生清楚自己能干什么或哪些方面可能有发展的潜力，是对自己能力的考量。如果说个人职业的定位必须以自身的实力、能力作为根基，那么职业发展空间则取决于自身潜力的大小。除了要考虑个人的性格和特长等因素，对自身潜在能力的分析和预测也十分重要。职业的成功依赖于个人的能力，但职业发展的空间往往受个人潜力的限制。通过对潜能的考察，可以进一步缩小职业决策的目标范围。

问题4：What can support me?（环境支持或允许我做什么?）这个问题的目的是引导大学生思考周围的环境资源哪些有利于自己的发展，可以从政治环境、经济环境、法制环境、科技环境、文化环境、朋友关系、社会人脉等方面进行综合考量。

问题5：What can I be in the end?（我最终的职业目标是什么?）这个问题的目的是引导大学生通过对前4个问题的思考，形成一个可行的职业生涯目标，以此来指引职业生涯规划的实施，从而确立个人职业生涯发展的最佳方向。

第五章 大学生就业心理与就业准备

第一节　就业观念与科学就业观的树立

"观念"的通俗理解就是人们在长期的生活和生产实践当中形成的对事物总体的综合认识。就业观念即人们对就业的根本看法和总体态度，涉及就业主体、客体的诸多方面。

一、大学生就业观念的内涵

"就业是民生之本，发展之基。一直以来，大学生就业问题都是社会高度关注的热点话题"[①]，大学生就业观念是大学生的世界观、人生观和价值观在职业选择问题上的集中表现，它既包括大学生对所选择的就业单位或企业的性质、所在地、社会知名度、经济状况、福利待遇等方面的认识和评价，也包括对人职匹配状况、自身发展前景及就业目的和意义等方面的认识和评价。

（一）大学生就业观念的特征

大学生就业观念是指大学生在选择某一职业时的一种态度、认识及心态，是个人对就业的一种反应性倾向，由认知、情感和行为倾向三个因素组成，具有稳定性、发展性和独特性的特征。

第一，稳定性。大学生就业观念是个体成长中逐渐磨合形成的，在特定的时间、空间和环境下是相对稳定的，因此大学生就业观念具有相对稳定性的特点。

第二，发展性。随着社会政治、经济、文化状况的发展以及个人的世界观、人生观和价值观的改变，大学生就业观念也会发生改变，因此大学生就业观念具有发展性的特点。

第三，独特性。因每个人的生活经历、生活环境、受教育程度、思维方式及性格特点

等各有不同，因此大学生就业观念具有独特性的特点。

（二）大学生就业观念的类型

按不同的参照标准，大学生就业观念可以划分为不同类型。例如，以就业条件认知为参照，大学毕业生就业观念可分为认知清晰的理智型、认知笼统的感性型、认知累积的经验型；以就业价值为参照，大学毕业生就业观念可分为利益主导型、生活主导型、兴趣主导型等。

但结合实践经验，我们可以把大学毕业生就业观念划分为4种类型，具体如下。

第一，人际关系取向型就业观念，也可称为传统型就业观念，持有这种就业观念的大学毕业生注重工作中的人际关系，钟情于事业单位、国有企业，不太在意眼前的经济收入。

第二，经济待遇取向型就业观念，也可称为市场型就业观念，持有这种就业观念的大学毕业生看重经济收入和福利待遇，比较乐意到经济发达的大城市、大企业谋求一份赚钱机会和晋升机会多的工作，不太在意工作的稳定性与社会声誉。

第三，创业取向型就业观念，持有这种就业观念的大学毕业生富有冒险精神，充满创业激情，敢于挑战，不怕吃苦，比较注重自己的兴趣爱好和心理感受，希望能创造一方属于自己的事业天空。

第四，生活取向型就业观念，也可称为撞钟型就业观念，这类毕业生没有特别的就业目标和打算，对求职就业也缺乏特别偏好，不太有主见，一般能安于现状，得过且过，他们乐于享受当下的生活。

二、科学就业观念的树立

观念是行动的先导，就业观念决定就业行动，大学毕业生能否及时顺利就业，在一定程度上取决于其能否根据形势变化和自身情况及时调整就业观念。因此，对大学生而言，树立科学的就业观念十分重要。

（一）树立科学就业观念的意义

大学毕业生的就业观念是毕业生对求职就业的根本看法和总体态度，是其世界观、人生观、价值观的重要组成部分和具体体现，是个体接触、参与求职就业的相关实践经验的观念化。与此同时，就业观念对就业行为具有导向、激励和调控作用，大学毕业生的就业行为无法避开其就业观念的影响。

首先，大学生树立科学的就业观念是大学毕业生科学有效择业的前提和基础，错误的就业观念必然导致大学毕业生的就业期望、就业行为出现偏差，甚至走入误区，并可能引发就业心理问题。实际上不同的工作岗位只是社会分工不同，并无高低贵贱之别，大学生也是社会中的普通成员，要以普通劳动者的心态和定位选择工作。

其次，大学毕业生树立科学的就业观念有利于其正确认识自身价值与就业行为、就业结果之间的关系，合理规划职业生涯，树立长远眼光，确立合理的就业预期，及时就业，满意就业，开创属于自己的美好未来。放宽视野，把目光从竞争激烈的热门岗位移开，更多从自身实际、发展空间考虑，会发现往往因务实而"海阔天空"，最终实现高质量就业。

最后，大学生树立科学的就业观念是践行培育社会主义核心价值观的需要，既是其自身健康成长成才的需要，又符合当前我国经济社会的发展需要，符合我国人力资源市场的发展要求，有利于人力资源的优化配置，有利于大学生将个人需求与社会需求有机结合，在为社会做贡献的过程中实现个人自身价值。

综上所述，近年来大学毕业生"就业难"已成为不争的事实。因此，大学毕业生树立科学的就业观念、培养良好的心态，已成为解决大学生就业难题的关键所在。

（二）大学生就业观念的调适

大学毕业生作为国家宝贵的人力资源，是国家建设的新生力量，是祖国的未来、民族的希望，是党和人民事业发展的生力军。党中央、国务院历来十分重视大学毕业生就业工作，近年来大学毕业生"就业难"更是引起全社会的广泛关注。然而，大学毕业生能否转变就业观念是解决当前大学生"就业难"的思想基础和前提。因此，面对当前依然严峻的就业形势，大学生应适时调适自己的就业观念，并努力树立科学的就业观念。例如，自主就业观念、基层就业观念、竞争就业观念、先就业再择业观念、创业即就业观念。

1. 自主就业观念

随着高等教育大众化时代的到来，特别是国家就业政策的改革，自主择业已经成为现在就业的主流模式。作为新时代的大学毕业生要清醒地看到这一点，抛弃传统的就业观念，牢固树立自主就业、自谋职业的观念。在大学期间，要积极进行职业生涯规划，努力学习专业知识、不断储备自主择业的本领，毕业阶段，要广泛了解和收集就业信息。对自己准确定位，大胆推销自己，而不能等待用人单位来选择。

2. 竞争就业观念

随着社会主义市场经济体制的建立，市场经济最显著的特点之一是竞争。没有竞争，整个市场就失去了活力，经济就不能很好地发展，社会也难以前进。竞争可以发挥人们自立、自强、自主的精神，调动人的内在潜能，增强工作和社会活动的能力。因此，竞争意识是现代毕业生必备的素质之一。大学生就业市场同样存在着激烈的竞争。竞争可体现公平，有利于选择人才；竞争可提供实力较量，有利于人尽其才、优胜劣汰；同时克服了旧体制的弊端，使得毕业生在就业中由被动变为主动，调动了个人的积极性，通过竞争，寻求理想的职业。面对就业竞争的现实，大学生应当摆脱被动依赖、消极等待的状态，敢于竞争，树立"爱拼才会赢"的观念，做好多方面的竞争准备。

3. 基层就业观念

目前国家大力鼓励大学生到基层、偏远地区就业，出台了一系列政策法规和专项计划，比如，大学生志愿服务西部计划、"三支一扶"计划、农村义务教育阶段学校教师特设岗位计划、选聘高校毕业生到村任职工作计划。这些计划为大学生就业提供了大量工作机会，并且国家还构建了比较完善的社会保障体系，制定了一系列相关优惠政策，解决大学生就业的后顾之忧，是目前大学生就业的主要渠道。因此，大学生要以积极的态度对待基层就业，转变观念，开阔视野，要以理性、务实的心态迎接基层就业可能面临的机遇与挑战。

4. 先就业再择业观念

所谓"先就业再择业"是指大学生在职业选择中，应以低姿态走入社会，从基层做起，先完成就业的目标，待到能力、经验提升到一定程度之后，再进行二次择业。而现代社会为人们提供了独立的发展空间，市场优化配置资源的方式是合理流动。社会上不再有从一而终的职业，"一次就业定终身"早已不现实，毕业生不必在短时间内找一个固定的"铁饭碗"，要学会在流动中求生存求发展。人事制度的不断完善，为毕业生的流动就业创造了条件，毕业生将户口回迁生源地，把档案托管在工作地的人才交流中心，哪里找到岗位就在哪里就业。因此，大学生要打破"一步到位，从一而终"的就业观，树立不断进取的职业流动观念，并学会在流动中发现机会、抓住机会、把握机会。

5. 创业即就业观念

在就业形势日益严峻的今天，创业已经成为开辟大学生就业途径的有效方式。国家也相继出台了一系列鼓励大学生自主创业的措施和政策，比如，小额担保贷款和贴息支持、免收有关行政事业性收费、提供培训补贴、免费获得创业服务等。因此当代大学生要树立起自主创业的观念，在市场中探索，在闯荡中提升自身能力，不断提高和展现自己的能力和水平，掌握就业的主动权。诚然，自主创业具有一定的风险，但是大学生拥有丰富的知识和技术，富有开拓精神，蕴藏着巨大的创业潜能，自主创业是大学生发挥自己的主观能动性和聪明才智的广阔舞台，是符合时代要求的就业趋势。

第二节　大学生就业心理调适的方法

求职择业过程中心理上易产生种种矛盾与冲突，但要成功找到一份适合自己的工作，保持良好的就业心理却尤为重要。

一、大学生就业心理概述

（一）大学生就业心理的内涵

从求职层面的心理现象上，对就业心理概念进行界定为大学生的就业心理是指大学生在考虑就业问题、为获得职业做准备及寻求职业的过程中产生的各种心理现象。

从情绪层面阐述就业心理，就是大学生在面临就业问题时，为了获得心仪的工作会做一些准备，在求职过程中会遇到种种不顺，这些会对大学生的心理产生影响，大学生的就业心理可以从认知心理、情绪心理、社会心理三个层面进行分析。

从心理活动方面对就业心理概念进行分析，大学生的就业心理是以就业为中心，在其他心理的共同作用下形成的，它的产生、变化与发展过程是很复杂的。一般来说，可以将其分为就业心理倾向、就业心理素质和就业心态三个方面。就业心理倾向，是指对大学生就业有推动与指向作用的那些具有动力性的心理因素。它决定着大学生对就业活动的认识、评价与态度，并在很大程度上影响着大学生的就业行为。就业心理素质，是指对大学生就业有重要影响的心理能力、活动水平及人格特点，它涉及的内容非常广泛，包括业务能力、职业成熟度、就业人格特点三个方面。就业心态，是指大学生在面对有关就业问题时，特别是在准备就业与寻求职业过程中形成的具体的心理状态，如焦虑、失落、犹豫等。这三个方面相互联系、相互影响，共同形成了大学生就业心理研究的内容。

综上所述，大学生就业心理是大学生在就业过程中所呈现出的各种心理状态和心理特征的总和，它贯穿于大学生学习和生活的全过程，影响着大学生的求职择业行为，直接决定着就业的成败。

（二）大学生就业心理的特征

大学生的就业心理很复杂，不同学校、年级、性别的大学生，他们的就业心理也会表现出不同的特征。目前，我国大学生的就业心理主要表现出以下特征。

1. 自我意识增强

大学四年的理论知识学习和社会实践经验，使得大学毕业生对于自我价值有了更深的主观认识。然而，这个年纪的大学生，世界观、人生观和价值观的建立尚未完善，在外部复杂环境的影响下，他们往往对自身不能有准确的认识。因此在就业过程中缺乏冷静的分析和客观的判断，不能权衡利弊，做出正确的选择。

2. 情绪波动频繁

大学生还处于人生的成长阶段，理智和情绪等各方面发展没有完全成熟，情绪变化大，易怒易冲动。同时，这个时期的"00后"大学生社会经验不足，认知结构也不完备，对事物的客观评价和预期往往与实际不一致，容易导致比较强烈的情绪反应。当他们出现焦虑、抑郁等不良情绪时，常深陷其中不能自拔。

3. 抗挫折能力不足

大学生的行为意识主要表现为年轻气盛，自尊心强，有远大的理想和抱负，但是由于各种因素的制约，大学生在实现理想的过程中往往表现出抗挫折能力不足的特征。一方面，他们大多是独生子女，从小生活在父母长辈的呵护和关爱之下，没有经过艰苦条件的磨炼，很难养成吃苦耐劳的精神，不愿意到条件艰苦的一线去工作；另一方面，他们对社会、职业、环境缺乏深入了解，在渴望尽快获得成功的心理暗示下，一旦就业遭遇挫折，就易意志消沉，抵抗不住失败的打击，影响未来发展。

4. 注重实现价值

大学毕业生普遍认为自己是综合素质较高，心怀梦想、充满斗志，期望得到社会认可的高等人才。但是，他们又缺乏吃苦耐劳的心理准备，排斥到偏远山区和基层地区工作，渴望留在所谓的大城市、大公司或者自己的家乡工作，也没有自主创业的勇气。最希望能进入国企、事业单位等待遇稳定、工作环境舒适的地方工作，缺乏砥砺前行的精神。

二、大学生就业心理调适

就业心理调适，就是大学生应对就业过程中出现的负面情绪、困难与挫折时所进行的心理调节、情绪调整，可帮助大学生塑造良好的心理素质，使自己达到或者始终保持一种健康的心理状态。积极的就业心态能够帮助大学生直面就业时的压力，做到理性择业、科学择业。因此，大学生应当树立科学的就业观念，积极主动地进行心理调适，这样方能在竞争的激流中奋力拼搏、驶向成功。结合大学生就业心理特点，实用性强、效果好的调适方法主要包括以下类型。

（一）主动宣泄法

情绪释放、倾诉心中不悦、酣畅淋漓的运动等方式能帮助大学生释放心中的负性情绪，全面认识自己，坦然面对来自生活、就业等各方面的困扰，帮助大学生培养健康的身心。

1. 情绪释放法

当处于焦虑、抑郁状态或者面对择业失败时，要及时主动地进行宣泄，释放心理压力。比如，可以对着远方大声喊"啊——啊——啊——"或者高歌一曲，既简单又有效。同时，人在哭泣时流出的眼泪会产生高浓度的蛋白质，可减轻或者消除人的压抑情绪，因此当感到委屈或不幸时，在无人处大哭一场也不失为一种好方法。

2. 运动宣泄法

运动可以释放快乐因子。因此，当遇到艰难的局面无法坚持、工作屡次受挫、在困难面前想要退缩的同学可以选择打球、跑步、爬山等自我感觉有效的方式，尝试宣泄，使紧张的情绪得以缓解或消除。

宣泄情绪是为了更好地认识自己，调节自己不良的情绪，帮助自己理性地看待择业过程中的各种挫折。但大学生也要注意合理宣泄情绪，要注意度的把握，注意场合、身份、气氛，要做到不伤害他人、不伤害自己、不损坏物品，宣泄要没有伤害性和破坏性。

3. 倾诉调节法

普遍看来，沟通是缓解情绪、解决各种矛盾最有效的办法之一。大学毕业生心理承受力弱，同时面临来自社会、角色转换、入职后的适应等多方面的压力，当感到迷惘失措、焦虑不安、烦躁易怒的时候，不妨尝试向朋友、老师倾诉，把心中积聚的消极情绪倾诉出来，以便得到宽慰和开导，再听听来自他人的建议，做好自我调节。

（二）自我激励法

自我激励法主要是指用正确的思想观念、生活中的哲理或榜样的事迹来激励自己，同各种不良情绪进行斗争，相信失败和挫折终将成为过去，要勇敢地面对下一次挑战。每个人面对生活压力、就业压力、竞争压力时，表达的方法不一样，想法也不太一样，当然最终的效果也不一样。总有一部分人会被压力打倒，不再自信，变得自卑、一蹶不振，从而盲目求职甚至处于待业状态。我们可以通过幽默化自嘲、言语暗示、自我鼓励等方式，对自身施加影响达到放松紧张心理、缓解不良情绪的目的。

对于大学生来说，要多对自己进行积极的自我暗示。当遇到不顺心的事情时，积极的自我暗示能有效地将不良情绪转化为正常心态；面试时进行积极的自我鼓励也会有效缓解胆怯、信心不足、紧张等不良情绪，有助于面试发挥；在面对意外事件或择业受挫时，也要鼓励自己不要惊慌失措、不要冲动，应该首先让自己变得冷静，再寻找解决方法，这也是大学生成功走向社会，进入职场而应该有的自我成长。

（三）意志坚定法

在就业过程中屡遭失败，很大一部分是由于求职意志不坚定、自信心减弱、自卑感严重造成的。选择逃避、轻易放弃往往会使自己与成功择业失之交臂。因此，培养坚定的意志是大学生就业心理调适的重要部分。

大学生可以在日常生活、学习中，刻意训练自己的意志力，比如定好闹钟，坚持每天早起；不受天气、心情等影响，坚持每天固定时间跑步等。同时，当代大学生应该理性看待择业失败，不要怨天尤人；应正确看待自己的优势与劣势，选择自己合适的行业。

（四）放松训练法

放松训练又称"松弛训练"，是一种通过训练有意识地控制自身的心理活动、降低唤醒水平、改善机体功能的心理咨询与治疗方法。该方法实用有效，较少受时间、地点、经费等条件限制，可帮助人们减轻和消除各种不良身心反应，如焦虑、恐惧、紧张、失眠等症状，实用性强。在择业时如有此类心理反应，可在专业人员的指导下尝试进行放松练习。

1. 呼吸放松法

呼吸放松法包括鼻腔呼吸放松法、腹式呼吸放松法和控制呼吸放松法。以鼻腔呼吸放松法为例，放松训练时：在一个舒适的位置上坐好，姿势摆正，将右手的食指和中指放在前额上，用大拇指按压住右鼻孔，然后用左鼻孔缓慢地轻轻吸气，再用无名指按压住左鼻孔，同时将大拇指移开，打开右鼻孔，由右鼻孔缓慢地尽量彻底地将气体呼出，再用右鼻孔吸气，用大拇指按压住右鼻孔，同时打开无名指，再用左鼻孔呼气，由此作为一个循环。5 个为一组，重复 10~25 个循环。慢慢体会，全身心都会非常放松，感受到身心的舒服。

2. 想象放松法

想象放松法也是一种调节心情的好方法。首先可以找到一个自己曾经经历过，能够给自己带来愉快轻松的感觉，有着美好回忆的场景，可以是海边、草原、高山等，用自己的多个感觉通道（视觉、听觉、触觉等）去感觉、回忆。

（五）合理情绪疗法

合理情绪疗法（又称情绪 ABC 理论），该理论认为，引起人们的情绪困扰的是人们对事件的态度、看法、评价等认知内容，因此要摆脱情绪困扰不应致力于改变外界事件（A），而是应该改变认知（B），通过改变认知，进而改变情绪和行为（C），此为 ABC 理论模式。该理论指出，诱发性事件只是引起情绪及行为反应的间接原因，而人们对诱发性事件的信念、看法、理解才是引起人的情绪及行为反应的更直接的原因。例如，正在校园行走的两个同学，向着朝向自己走来的老师点头打招呼，可是老师由于没有注意到而没有回应。这两个学生中的一个认为：他也许正在想其他事情，还没有注意到我们。而另一个却可能有不同的想法：是不是我有什么事得罪了老师，他就故意不理我了，以后可能就要故意找我的麻烦了。这两种不同的想法就会导致两种不同的情绪和行为反应，前者可能觉得无所谓，而后者可能忧心，想法很多。由此看出，人的情绪及行为反应与人们对事物的想法、看法有直接的关系。

对于大学生来说，如果总是有一些不合理的信念，将会给自己的生活、学习和求职带来很多的困扰。因此，作为当代大学生，应该保持豁达、健康的处事理念和就业心理。当出现不合理信念时，首先学会自我调节，换角度思考事情，理性分析事由，以乐观的心态面对就业过程中遇到的挫折，用合理的信念主导就业之路，追求健康快乐人生。

第三节　大学生就业认知准备与心理准备

一、大学生就业认知准备

新的就业形势对从业者的知识结构、思维方式和实践应用能力均提出了更高的要求。为了更好地适应社会的要求，实现顺利就业，大学生必须自觉把大学生活与就业紧密联系起来，努力构建合理的知识结构、科学的思维方式和强有力的实践应用能力。

（一）构建合理的知识结构

现代社会对求职者的知识要求是：拥有较高的知识水平，并能根据社会的发展和所选择职业的具体要求，科学组合自己的知识，形成合理的知识结构。

1. 合理知识结构的特点

大学生应具备的知识包括基础知识、专业知识、复合知识。

基础知识在大学生知识结构中发挥着举足轻重的作用，在现代高等教育改革中越来越受到重视，基础知识主要包括数学、物理学、化学、历史学、地理学、哲学、文学、艺术、文化、伦理道德、外语、计算机及专业基础知识。

专业知识是大学生知识结构中的主要内容，是大学生各自所学专业的知识，是大学生赖以生存发展的资本和发挥一技之长的具体表现。

复合知识是增强大学生社会适应性的知识，是为了弥补高等教育"专才"缺陷的知识，是大学生健康持续发展的助推剂。

合理的知识结构是根据社会需要将自己的基础知识、专业知识、复合知识有机整合而成的知识结构。大学生合理的知识结构虽然没有绝对统一的模式，但具有三个普遍而共同的特征：有序性、整体性、可调性。

2. 常见的知识结构模型

常见的知识结构模型有以下三种。

（1）金字塔型知识结构。金字塔型知识结构的横向结构是宽广型，纵向结构为阶梯型。包括了宽厚的综合性基础理论知识、专业理论知识和适量的非专业理论知识及跨学科知识，强调的是基本理论、基本知识、基本技术技能的学习、训练和运用。"厚基础"为人的成才和创造奠定了基础，"宽基础"为人的综合能力、适应能力、应变能力的培养创造了条件。目前我国大部分本科专业教学计划实际上是按这种金字塔型的知识结构设计的。

（2）网络型知识结构。网络型知识结构是以自己的专业知识为"中心点"的，以其他相近的、作用较大的知识作为网络的"纽带"，相互联结，形成一个适应性较强的，能够在较大范围内左右驰骋的知识网。网络型知识结构的主要特点是知识面的宽广性。

（3）"T"型知识结构。"T"型知识结构是专博型知识结构的另一种表述。有的人专业知识精深，但知识面狭窄，其知识结构很像一个竖杆"｜"；有的人专业知识浅薄，而知识面较广，其知识结构像一个横杆"—"。将二者之长集于一身，这就是"T"型知识结构的人。就目前来看，具有"T"型知识结构特点的人才，符合就业市场（专业化时代）的需要。因为精深的专业知识可以较好地满足对口行业的就业要求，宽博的基础知识则有助于支撑今后的发展。

3. 社会对求职者知识结构的要求

现代社会对求职者文化素质、知识的要求受多种因素的影响，尤其受到当代科学技术发展状况的影响与作用。与此同时，各类现代职业对于就业者文化素质和合理的知识结构的要求也越来越高。就知识结构而言，不仅对知识技能共性的要求越来越多，而且对就业者知识和技能的适应性要求也越来越高。

（1）不同类型的职业对求职者知识结构的共性要求。

第一，宽厚扎实的基础知识。基础知识是知识大树的躯干，是知识结构的根基。无论选择何种职业，也不管向哪个专业方向发展，都少不了宽厚扎实的基础知识。特别是随着科技和经济的高速发展，社会的产业、行业、职业结构调整的速度必然加快，大学生在择业就业上已不可能是"从一而终"，职业岗位随时变动的状况不可避免。要适应这种变化，必须靠扎实宽厚的基础知识。

第二，广博的专业知识。专业知识是知识结构的核心部分，也是科技人才知识结构的特色所在。所谓广博精深，是指大学生对自己所要从事专业的知识和技术的掌握具有一定的深度和范围，有质和量的要求，对概念体系、理论体系、研究方法、学科历史与现状、国内外最新信息等都要有所了解和把握。同时，对其专业邻近领域的知识也要有所了解和熟悉，善于将其所学专业的领域与其他相关知识领域紧密联系起来。

第三，大容量的新知识储备。现代各类职业都要求从业者的知识"程度高、内容新、实用性强"。"程度高"是指知识层次高，知识面广；"内容新"是指从业者的知识结构中应以反映当今科学技术发展状况的新知识、新信息为主；"实用性强"是指从业者的知识在生产、工作中有较强的实用价值。

（2）不同类型的职业对求职者知识结构的特殊要求。

第一，管理类职业的要求。管理类型职业主要包括国民经济管理、企业管理、金融管理、财政管理、外贸管理、行政管理等社会工作。选择此类职业作为自己目标的求职者，在其文化素质上除了具备提及的共性要求外，根据管理职业的实际需要和管理科学的发展规律，还必须很好地掌握党的方针政策，掌握基本的法律知识。在其知识结构中，管理理论和知识要求占较大的比例，除此以外还应了解税务、工商、外贸的管理知识。在知识结构上一般要求具有网络型的结构。

第二，工程类职业的要求。工程类职业的范围包括各行业中从事工程技术应用工作的职位，要求就业者在文化素质上应具备扎实的专业知识，具有较新的现代专业理论，熟练地掌握能应用于实际工作的应用技术知识及一定的管理知识。

第三，农科类职业的要求。农科类职业范围主要包括各农业科技园区、园艺类公司、农科所、蔬菜公司等企事业单位，这类职业要求从业者能吃苦、具有良好的专业知识并能运用于实践，有较强的自学和创新能力。

第四，教育类职业的要求。教育类职业的范围包括大学教师、中小学教师以及各类职业教育教师、干部培训教师等。教育这一特殊职业决定了选择此类职业的就业者在文化素质上要具备以下条件：掌握辩证唯物主义和历史唯物主义的基础理论和扎实的专业知识，熟悉本专业最新研究成果及其发展趋势，了解与本专业相近的新兴边缘学科或交叉学科的情况，具有较高的文化素养，达到真正的"博学"。此外，还要掌握教育科学的有关知识。该类职业要求就业者的知识结构为"网络型"。

以上仅介绍了四种类型职业对求职者知识结构的特殊要求，其他类型职业有着各自不同的特殊要求。大学生应当根据社会需要，结合个人专长，充分了解各种职业对求职者知识结构的特殊要求，在就业前和就业后注意建立和调整自己的知识结构，并使之日趋合理，为成才奠定坚实的基础。

4. 文化知识素质的构成

一个人的文化知识素质，将决定他在求职择业时的自由度和取得职业岗位的层次，而知识主要由公共基础知识、专业基础知识、专业知识三个部分构成。

（1）公共基础知识。掌握宽厚的公共基础知识，不仅是形成合理的知识结构所必需的，而且是按照自身特点和社会需要，在一生中不断学习、掌握新知识的需要。公共基础知识犹如基石，只有宽厚坚实才能合理地建筑起稳固的知识大厦。大学生要掌握好基础知识，这是以后就业的铺路石、敲门砖。大学生在课余还可积极参与各类基础学科竞赛，建立宽厚的知识基础，有利于在今后的工作中适应各种变化，灵活自如的发展。

（2）专业基础知识。对于学生从事专门学科知识学习而言，专业基础知识学习是衔接公共基础知识与专业知识的重要一环，是公共基础知识的深化、发展，是专业知识的先导与基础，起着承上启下的作用。大学生只有掌握稳固的专业基础知识，才能进一步深入学好专业知识。目前，各高校专业基础知识安排的课时，占整个学时 1/3 左右，这足以证明专业基础知识的重要性。作为学生应该广泛汲取各类知识的精髓，拓宽知识面，有针对性地扩大自己的知识面，在有利于专业知识积累与发展的条件下，使知识结构趋于合理。

（3）专业知识。专业知识通常是指学生各自所学专业的知识，专业知识是学生知识结构中的主要内容。专业知识是学生知识结构的直接体现，知识结构的完善必须以专业知识的学习与运用为最终目标。随着社会生产力和科学技术的发展，社会对专业能力，特别是专业的实际操作能力要求是越来越高。因此对形成专业能力的专业知识的要求也越来越高。

专业知识是学生赖以生存的资本，过硬的专业知识是学生今后顺利走向工作岗位的有效保证，是履行岗位职责、胜任专业工作必须掌握的。一个人的知识域是由专业知识和相关知识构成的。在学习的过程中，应区分出什么知识是工作所必需的，什么知识是进一步提高工作能力和工作效率、效果所需要的，从而有目标、分层次地对知识进行储备，准确而有效地获取相关知识。以教师为例，一个优秀的教师应该具备多方面的知识。其中，掌握好所教学科的专业知识是一个教师进行教学的前提。教师只有拥有丰富的专业知识，才能将其有效地传授给学生。但只有相关的专业知识，而不懂教育学、心理学、学科教学论的相关知识，则不能充分了解学生特点；不懂得教育教学方法，则不能有效地传授知识，这样就不能成为合格的教师。

（4）现代经济、现代管理和人文社会知识。在知识的建构过程中，在重视基础类知识和专业类知识的基础和前提下，要努力扩展自身基础类、专业类知识之外的其他横向类知识的范围。古今中外，许多学者一而再，再而三地提出和强调的"博学"思想，正是这里所说的知识结构中的广博性原则。现代社会需要学生具有一定的社会知识，一定的经济、管理知识和人文知识。作为一名新时代的青年学生，应该把学校开设的各种人文课程学好，利用空余时间多读一些社会科学、经济学、管理科学方面的书籍，扩充自己的知识面，开阔自己的视野，不断加深对社会和现代经济、管理科学方面的了解，从而不断提高自己的适应能力。

（5）新技术、新知识的储备。面对当前形势，如果只掌握本专业现阶段的知识，是很难适应社会发展的，在不断加深对专业知识学习的同时，还应科学地学习更多知识，在基础知识的学习宽度和深度上下功夫。要掌握本专业国内外研究的新动向、新成果，了解科技新动态，注意本专业的科学前沿情况。当然，要求学生同时掌握多种专业知识是不现实的，但是除了精通自己的专业知识，并能在实际中运用以外，再掌握或了解与专业相关联的若干专业知识和技术是可以做到的。

（二）培养科学的思维方式

思维是人脑对客观现实概括和间接的反映，它反映的是事物的本质和事物间规律性的联系。思维能力是人的核心能力，一个人的思维能力虽然与自身的智力水平有关，但更取决于思维方式。科学的思维方式具有广阔性和深刻性、灵活性和敏捷性、独立性和批判性、理性等特征。培养大学生的科学思维方式应着重从以下方面进行培养。

1. 学习哲学

哲学为人们提供方法，启迪智慧。大学生经过高等教育，一般都具备了一定的理性思维能力。但是，要培养科学的思维方式，必须加强哲学的学习，提高哲学思维的素养。马克思主义哲学作为科学的世界观和方法论，揭示了自然界、人类社会发展的一般规律，是人们认识世界、改造世界的思想武器。同时，它也揭示了思维发展的一般规律。因此，大学生提高马克思主义的哲学素养，对于提高自己的理性思维能力、培养科学的思维方式是至关重要的。

2. 丰富知识

丰富的理论知识是敏捷思维和科学思维方式的基础。一个人掌握的知识越多、越丰富，他的思路就会越广、越深，思维的成果就可以越完全、越准确。比如，逻辑学的知识对提高人们的思维能力是非常重要的。这是因为无论是形式逻辑还是辩证逻辑都是以思维为对象的，都是关于思维的规律、形式和方法的科学。逻辑规律是一切正确思维所必须遵守的最基本的规律，是认识现实的必要条件。违背这些规律，就会使思想丧失它应有的明确性、确定性和一贯性，从而谈不上正确的思维。

3. 独立思考

独立思考是指对每一个问题从头到尾、由理论到实践都经过自己的头脑进行思考。独立思考的关键是"独立"，但也不排斥经常参加讨论争辩。讨论争辩可以作为独立思考的补充，也能促进独立思考的严谨、全面和深刻。善于独立思考的人，既能集中别人的智慧，又能超越前人的思想。独立思考的关键也在于有时间静下来深思。整天忙于事务而不思考，不仅工作做不好，也谈不上培养思维能力。独立思考需要多思，同时也要博学、善问，勤于钻研和重视思想方法。

4. 调整思维方式

善于随时整理自己的思路，总结思维方法上的经验教训，是培养科学思维方式的重要方面。一个人的具体思维过程是十分复杂的。得到某一正确认识之前，总是难免要犯各种各样思维方式上的错误，有时因为概念不清，有时因为判断有误，有时因为缺乏灵活和变通等。不断地总结在思维方式上的各种经验教训，可以使人不断地完善自己，大大提高思维能力，逐渐培养起科学的思维方式。

5. 提高艺术修养

艺术和科学是人类文明的两翼，艺术思维和科学思维的结合是智慧之源和创新之路。科学工作源于形象思维，终于逻辑思维。形象思维源于艺术，所以科学工作是先艺术后科学。相反，艺术工作必须对科学事物有一个科学认识，然后才是艺术创作。在过去，人们只是看到后一半，所以把科学与艺术分了家。而实际上，科学需要艺术，艺术也需要科学。

（三）培养良好的职业能力

1. 职业素养及其特征

职业素养，是指劳动者通过不断学习和积累，在职业生涯中表现并发挥作用的相关品质，是劳动者对社会职业适应能力的一种综合体现。职业素养包括职业道德、专业素养、职业素质、职业技能等内容。

职业素养是指职业内在的规范和要求，是在职业过程中表现出来的综合品质。大学生所应具备的职业素养包括显性的职业素养和隐性的职业素养。显性的职业素养表现为大学生的形象、资质、知识、职业行为和职业技能等，这些素养可以通过各种学历证书、职业资格证书来证明，或者通过专业考试来验证。隐性的职业素养是看不见的、内隐的职业素养，表现为大学生的职业意识、职业道德、职业态度等，它支撑着显性的职业素养。因此，大学生职业素养的培养应该着眼于整体，并以培养显性的职业素养为基础，重点培养隐性职业素养。

职业素养具有以下特征。

（1）职业性。不同的职业，对职业素养的要求有所不同，具体表现也不同。如对建筑工人的职业素养要求肯定不同于对护士职业素养的要求，教师的职业素养表现也不同于医生的职业素养表现。

（2）稳定性。一个人的职业素养是在长期职业活动中日积月累形成的，会保持相对的稳定性。例如，一名教师，经过多年的教学实践，逐渐形成相对稳定的教师职业素养，这种职业素养还会随着其继续学习、工作和环境的影响而继续提升。

（3）内在性。职业人士在长期的职业活动中，经过自己的学习、认识和亲身体验，判断怎样做是对的、怎样做是不对的。这样有意识地内化、积淀和升华心理品质，就是职业素养的内在性。职业人士在做人做事、与人交往之中，自然而然让别人感受到的职业特征也是职业素养的体现。我们经常听说，把这件事交给某人去做很放心，就是因为其内在职业素养好。

（4）整体性。整体性即职业人士的知识、能力和其他个性品质在职业活动中的全面表现。我们说某人职业素养好，不仅指其职业道德、专业素养好，还包括职业技能、职业素质好。

（5）发展性。一个人的职业素养是通过教育、自身社会实践和社会影响逐步形成的，随着社会的发展对从业者素养的要求越来越高。为了更好地适应社会，满足时代发展和科技进步的需要，职业人士须不断地提高自己的职业素养。

2. 职业能力的培养

职业能力是人们从事职业活动、完成职业任务的成效和本领。职业能力分为专业能力和核心职业能力，其中核心职业能力是指从事任何职业都需要的一种综合职业能力，它泛指专业能力以外的能力，或者说是超出某一具体职业技能和知识范畴的能力。

（1）专业能力。大学教育以专业能力教育为主，知识、技能是分专业学习的。专业能力一般是指专业知识、专业技能等与职业直接相关的基础能力。专业人士与普通人士之间的根本差别就是其专业能力的差异。大学生精通一门专业、爱上一个专业，锻造自己优秀的专业能力是把自己塑造为职业人士的重要途径。

第一，专业知识。不同的职业、行业要求从业者所要具备的专业知识不相同，这种专业知识可能来自课堂也可能来自工作实践。专业知识的积累是一个持续的过程，学生学到的知识就是自己拥有的武器。一个人如果目标明确，打定主意从事所学专业，走专业路线，并一直走下去，不再更改，就必须在专业知识上精益求精。学生可以通过浏览最新文献，查看全球科研的最新进展来提高自己的专业知识。

课本上学的知识都是工作中最基础的内容，而所运用的模型和原理也是最简单的类型。专业知识是培养专业技能的基础，工作上出现各种问题和疑惑时，可以运用所学的知识和原理，根据具体问题找出"瓶颈"所在，找到突破口去解决。为了有效做到"对症下药"，就需要在实践中不断学习和总结，把平时所学的知识转化成工作中的利器，在反复实践中领悟、摸索。

第二，专业技能。专业技能是指依据专业培养目标，通过一定的学习、实践训练，使学习者熟练掌握的专门技术及运用能力。专业技能分为基础技能和专门技能。

基础技能指从事专门职业所必须掌握的最基本技能。以师范生为例，不管是历史、中文，还是数学或物理专业的学生，作为未来的教师，都应具备基础的教学技能，包括表达技能、书写技能、信息处理技能等，即要有标准的普通话和良好的书面、语言、形体表达能力，扎实的三笔字（钢笔、粉笔、毛笔）、简笔画基本功以及应用现代教学媒体的能力等。

专门技能指从事某种职业所必须掌握的某项或几项特殊能力，专门技能是在基础技能的基础上进一步发展起来的能力。例如，教师在掌握了基础技能外，在课堂上还应有教授技能、提问技能、沟通技能、练习指导技能、课堂组织技能、信息技术技能等多种技能的综合运用。

专业技能是大学生进入职业领域的资本，不同的职业、行业会对从业者有不同的技能要求。做研究工作要求具有调查、分析、归纳、演绎的技能；做教育工作要求有澄清、说服、评估、鼓励、表达的技能；公务员要求具有从事行政工作的技能，如判断推理、资料分析以及简洁的文书编写能力等。具备过硬的专业知识、专业技能是毕业生进入就业市场的基本条件。

（2）核心职业能力。核心职业能力是每个人在职业生涯中，甚至日常生活中必备的、重要的、起关键性作用的能力，它是使劳动者能够在变化的环境中很快地重新获得所需要的职业技能和知识的能力，当职业发生变更或者当劳动组织发生变化时劳动者所具备的这种能力依然存在。核心职业能力具有普遍的适用性和广泛的可迁移性，对人的终身发展和成就有着极其深远的影响。

核心职业能力将在很大程度上帮助大学生去发现、实现自我价值，从而更好地服务社会。因此大学生在毕业前就做好准备，在具有专业能力的前提下，让自己的团队合作、创新、职业沟通、自我管理等核心职业能力过硬，无疑会成为竞争中的一把利剑。

第一，团队合作能力。团队是把不同性格的人组合在一起，在一个规则、一个系统下，为了一个共同的目标而奋斗。随着信息社会的发展，人与人之间的交往活动日益频繁，越来越依靠团队的力量。团队合作是职业人工作的一种重要方式。当今社会是一个"合作为王"的时代，职业人做任何一件事、做任何一个项目都不是单枪匹马，而是由领导、同事、客户合作完成。

团体合作精神是大学生就业的决定性条件。因此，大学生应该有意识地在学校的学习和生活中主动培养独立性，学会分享、感恩，勇于承担责任，不要把错误和责任都归咎于他人。在日常学习生活中，有目的、有计划地参与各种竞赛、学生社团、体育运动、科技文化艺术节等各种校园文化集体活动，在活动过程中自觉加强纪律观念和大局、团队意识，积极地与人交流沟通，与他人分享自己的想法，凡事采取合作的态度，只有合作才能增强团体的凝聚力。

第二，沟通能力。大学里的专业技能固然重要，但是如何与人、社会沟通以及如何融入社会也是一个当代大学生不得不高度重视的问题。许多学生缺乏融入社会、进入职场的基本能力和核心竞争力。沟通能力是营造胜任力的"催化剂"，更是实现职业目标的推动力。

由于每个人所处的角度和思维方式的不同，沟通交流过程也不可能永远保持一致，难免会出现意见分歧，甚至有误会与争执，只有通过沟通才能使双方达成共识，相互了解、接受、信任。在沟通中，要学会倾听，善听才能善言，切忌中途插话或打断他人。无论什么时候，倾听都显示出一个人的素养，学会倾听是一种美德、一种修养、一种气度。

第三，创新能力。创新能力不仅是衡量大学生是否成才的重要指标，也是各用人单位选人用人的重要条件之一。20～30 岁是一个人最富创新能力、最容易出成果的时期，如果仅局限于教材和课堂，那么所有同学只能处于同一水平和层次。要实现超越，就必须抓住这一宝贵时期有所突破，就必须创新。

第四，人际交往能力。人际交往能力是指在一个团体或群体内与他人和谐相处的能力。每个人都必然会和社会上形形色色的人打交道，处理好人际关系是每一个大学毕业生走上社会后必须学会的课题，在现代社会生活中，人际交往能力变得越来越重要，甚至超过了工作能力。

第五，解决问题能力。学会解决问题是一个人立世和成事的根本。人们每天都会面对一些问题，这不可避免，也并不可怕，关键在于如何处理这些问题。善于处理问题是一个人综合素质的集中体现，是实践能力的核心，更是职业能力的重要组成部分。学会解决问题可以改善所处社会环境、工作环境，乃至心理环境。提高解决问题的能力不是朝夕之功，而是一个平时积累的过程。

面对问题时不慌张，从辩证的角度来分析问题产生的原因、可能造成的后果。问题出现后，我们可以向别人求助，但要明确自己才是解决问题的主体。因此，遇到实际问题时，我们要学会独立思考、仔细分析、冷静全面地寻找问题的症结。处理问题时不怯场，讲究策略，运用自身的各种知识进行合理、科学的处理。不同问题的处理方法有所不同，要学会区别对待、灵活化解，善于学习和倾听，以平等、宽容、适度为原则，提高分析问题、处理问题和解决问题的能力，以负责任的态度来解决遇到的问题。

解决实际问题时，最重要的是管理好时间，把握做事顺序，努力提高效能。①善用时间。管理好时间，朝自己设定的目标前进，而不致在忙乱中迷失方向。时间使用原则：合理使用消费时间（游戏、聊天、逛街、上网）；尽可能多使用储存时间（学习、思考、记忆、计划）；尽量避免浪费时间（等待、无聊旅途）。②处理多项事情的顺序。我们把所做的多样事情按重要与不重要、紧急与不紧急两个属性进行分类，分为重要而紧急的事，重要而不紧急的事，紧急而不重要的事，不重要又不紧急的事四种情况。处理这些事情通常采用的顺序：先做重要又紧急的事；次做重要而不紧急的事；少做紧急而不重要的事；不做既不重要又不紧急的事。③提高做事的效能。效能是指有效的、集体的效应，即人们在有目的、有组织的活动中所表现出来的效率和效果，它反映了所开展活动目标选择的正确性及其实现的程度；效率是以正确的方式做事，做正确的事。两者不能偏废；但当两者不可兼得时，我们首先应着眼于效能，然后再设法提高效率。

提高效能主要有五个步骤：①确定目标，目标可以最大限度地聚集我们的资源，明确的目标可以节约大量时间；②确定需要做的事，我们要实现自己的目标需要做哪些事情，并且要确保这些事情有利于目标实现；③确定事情的优先顺序，对需要做的事情设定先后顺序，分清轻重缓急；④确定计划，根据要做事情的轻重缓急制订计划，确保计划得以严格执行；⑤选择正确的方法，以正确的方式做事。

随着信息技术的发展和全球化的深入，各个行业和岗位的变动越来越频繁，知识和技术的更新越来越迅速，用人单位招聘时，不仅仅要求大学生掌握岗位相关的专业知识和技能，而且对大学生的综合素质越来越重视。因此大学生要努力培养核心职业能力，提高自身的综合素质，成为复合型人才，这样才能在走上社会后适应不同类型的职业。

3. 实践应用能力的培养

知识的积累对能力的提高具有指导作用，但大学生具备了丰富的知识并不意味着就有了较强的实践应用能力，要将知识转化为能力，需要付出艰辛的努力。为了适应社会的要求，大学生必须加强实践应用能力的培养和锻炼，增强自己的就业竞争实力。

（1）大学生应具备的实践应用能力。一般来说，不同的学科和专业对其毕业生有着不同的能力要求，但无论什么专业的毕业生，要想顺利就业并尽快有所成就，都必须具备一些共同的基本能力，这些能力主要包括表达能力、动手能力、适应能力、人际交往能力、组织管理能力、创新能力、决策能力等，这些能力既是择业过程中必须具备的能力，也是适应社会需要和自身发展所应具备的能力。除此之外，大学生在择业过程中还应具备以下三种能力。

第一，自我推销的能力。市场经济条件下，任何一种产品要推向市场并得到人们的认同，除过硬的质量之外，必须辅以强有力的市场宣传。恰如其分地向别人推销自己也是一门学问，是需要且能够培养的一种能力，这种能力一般只能在实践中摸索积累，书本上很难学到。

第二，自我包装的能力。市场经济也是一种"眼球"经济，任何一种产品要博得人们的好感和兴趣，首先要让这种产品吸引人们的眼球，而产品的包装则是吸引人们眼球的第一步。大学生择业也一样，要获得用人单位及面试官的好感及兴趣，必须首先做好自我包装，让自己的实力能够更加充分地展示出来，包装主要包括个人形象包装和就业推荐材料包装两个方面。自我包装的能力应根据自身特长和条件不断实践和完善。

第三，随机应变的能力。现在的人才市场瞬息万变，机会稍纵即逝，要想掌握市场的主动权，必须适应市场的变化。大学生在就业过程中，必须学会根据社会需求状况、就业环境、自身条件等方面因素的变化，及时调整策略，牢牢把握机会，否则，如果我们坚持僵化的观念、不变的模式，将跟不上变化的形势。

除了上述几种一般意义上的实际能力之外，就当前的社会需要和大学毕业生的实际状况而言，计算机能力和外语能力的重要性日益突出。

（2）获得能力的方法与途径。大学生培养自己的能力同知识的掌握一样，要靠平常的学习、生活中的自觉培养和实践锻炼来提高。人的能力水平是有差异的。这种差异并不是先天形成的，而是由所处的环境、受教育程度及自身实践状况等因素造成的。就共性而言，获取能力的方式与途径主要有以下方面。

第一，积累知识。一个人才能的大小，首先取决于掌握知识的多寡、深浅和完善程度。需要说明的是，才能并不是知识的简单堆积，而是知识的结晶，这里的"结晶"包含着对知识的提炼、改造和制作，包含着质的变化。要想达到这一目的，除掌握知识外，还需要有科学的思想方法和熟练的技能技巧。这里的思想方法和技能技巧也属知识范畴，即在某些方面有丰富的知识，并掌握科学的思想方法对这些知识进行科学加工，做创造性运用。掌握的知识越丰富、越精深、越完善，加工和运用知识的思想方法越正确、越先进，实现创造的技能技巧越熟练、越精湛，才能也就越优异、越高超，其能力也就越超群。

第二，勤于实践。能力是在实践过程中培养形成并在实践过程中表现出来的，因此实践是培养能力的重要途径。学校不同于社会，实践的形式还是比较单一的。但只要你积极参与，就会有很多收获。如大学生组织义务家教、当保洁员、参加社区服务等，这些活动不仅陶冶了大学生的情操，同时也促进了他们相关方面能力的提高。

第三，发展兴趣。兴趣对培养能力相当重要。古今中外许多著名的科学家、文学家、艺术家，都是在强烈的兴趣驱动下取得事业成功的。求职者要围绕所学专业发展自己的兴趣爱好，并以这些兴趣为契机，加强相关知识的学习和积累，注意发展自己的优势能力。

第四，超越自我。作为一个求职者，可以注重发展自己的优势能力，但仅仅有优势能力是不够的，还必须对前面列出的几种基本能力有所拓展，这就要求求职者在注意发展兴趣能力的同时，也要超越自我，注意全面发展自己的各种实际能力。现代社会的多维竞争增加了单一能力持有者的生存难度，同时也增加了企业的生存危机感。因此，不管将要从事的职业是否是自己的兴趣所在，都必须注意锻炼自己的基本能力。

二、大学生就业心理准备

求职择业是大学生综合素质尤其是心理素质的一次大考验，"深入研究大学生的接受心理，是实现高校就业工作的基础"[①]。在就业过程中，良好的心理素质能够帮助大学生理智认识自我、客观分析环境，有利于充分发挥自己的能力，乐观应对挑战，坦然面对失

---

① 徐淑娟. 期待视野下大学生就业路径优化研究 [J]. 江苏高教，2023 (2)：97.

利，积极把握机会，科学做出决策。良好的就业心理主要表现为以下特征。

（一）认清自我，定位准确

如果我们在面临就业选择的时候，充分地考虑了自己的各方面因素，选择了建立在自己深信不疑的正确思想基础上的职业，一种能够实现自己人生目标的职业，即使它不是最荣耀的职业，我们也会怀着崇高的自豪感去从事它，并享受其中。如果错误地估计了自己，所进行的选择就会带来不尽的痛苦。所以在就业决策之前，首先应该认清自我。认清自我就是客观地了解自己的职业兴趣、职业个性、职业能力、职业价值观等决定自己职业选择的因素，再根据自己"喜欢做什么""适合做什么""擅长做什么""最看重什么"及自己的优势和劣势进行职业定位。

职业定位既要考虑社会需求、工作环境、个人能力等方面的因素，又要处理好职业理想与就业现实之间的冲突，大学生应该主动随着就业形势的变化及时调整自己的就业期望值，从而将自己的就业心理调整到最佳状态。

（二）正视现实，自信豁达

现实是客观存在的，积极的心态就是正视现实，正视现实是适应现实的前提。成功的就业决策是建立在对就业环境清醒认识的基础之上的，既不幻想，也不逃避，无论现实对自己有利还是不利，都以乐观自信的心态去应对。在就业决策时既要看到形势严峻的一面，坦然面对，又要坚信"天生我材必有用"，豁达自信地面对。

自信不仅是大学生成功就业所必备的心理素质，也是对自我的认同和肯定。建立在正视现实基础上的自信将让大学生在职业决策时正视困难，以最积极的态度、活跃的精神去解决问题，以足够的承受力面对挫折，以足够的勇气迎接挑战。

（三）主动出击，勇于竞争

大学生就业制度的改革，一方面，为毕业生和用人单位提供了"双向选择"的机会，让大学生能够根据国家赋予自己的权利，结合自己的条件和愿望挑选工作岗位，通过适当的途径和方式展示自己、推荐自己，从而得到用人单位的青睐；另一方面，大学生在拥有就业主动权的同时，也将面对日益激烈的就业竞争，就业竞争不可避免地给强者带来机遇，使弱者面临危机。在这样的形势下，大学生要想在就业竞争中取胜，必须强化自身的竞争意识，主动出击、勇于拼搏。

(四) 不怕挫折，放眼未来

大学毕业生在激烈的就业竞争中难免会遭受挫折，遇到挫折要认真分析原因，分析是主观努力不够还是客观要求太高；是客观条件苛刻还是主观条件不具备。只有认真分析，才能心中有数。同时，挫折虽然带来了暂时的伤痛，但也可磨炼意志，遇到挫折不能消极退缩。

在激烈的就业竞争中，由于种种原因，部分大学毕业生的职业愿望难以实现。也许是专业不对口，也许是工作条件差，也许是待遇低，但无论怎样，这都是自己的新起点，虽然现在不尽如人意，但一定要相信，通过自己的努力，通过就业环境的改善，今后一切都会好起来的。

第四节 大学生就业信息准备与材料准备

一、大学生就业信息的准备

就业信息是指求职者通过某种途径获得、经过加工整理，能被求职者理解，并对其求职择业有价值的新消息、知识、资料和情报。大学生顺利就业不仅取决于整个社会的政治、经济状况及自身的能力素质，也取决于是否拥有就业信息。因此，积极主动地收集就业信息，认真细致地分析就业信息，科学有效地利用就业信息，就能获得求职、择业的主动权，把握最佳的就业机会。

(一) 大学生就业信息的要素

就业信息包括招聘活动中各行业、企事业单位发布的具体需求信息、岗位的薪资状况、工作内容和职业发展前景等。一般来说，就业信息应该包含以下要素：

第一，工作单位的全称、单位性质、上级主管部门等；

第二，工作单位的发展前景和现阶段发展实力，以及在整个行业中的排名或者在整个社会经济结构中所占的地位；

第三，对从业者政治思想、道德品质、工作态度、学历及学业成绩、职业兴趣、职业能力、职业气质、职业技能等方面的要求；

第四，工作单位的地点、环境、工作时间、个人待遇、福利等的明确规定。

就业信息不是孤立的，而是一个系统工程。国家、用人单位、学校、毕业生等组成信息网络，互为信息源。就国家和职能部门而言，需要提供国家的产业政策、行业的人才需求、高校的专业设置、毕业生人数等；就用人单位而言，需要了解国家关于就业的政策规定、学校的专业设置、毕业生人数、毕业生的能力及素质等；就学校而言，要掌握未来有关就业的方针政策、办法及规定，用人单位的概况及实际需求等；就毕业生而言，要了解国家的就业方针政策、用人单位的概况及实际需求、就业的程序等。

（二）大学生就业信息的作用

第一，就业信息是大学生就业的基础。劳动力市场上的就业信息是供给方和需求方共同提供的供需信息。当就业信息发布和接收相对应时，就可以确认工作岗位。如果这些信息不能有效地传送，就会造成"有业不就，无业可就"的局面。毕业生所获取的用人单位的需求信息越多，其择业范围越大，就业可能性就越大。

第二，就业信息是择业决策的重要依据。毕业生需要掌握大量的就业信息，为科学择业提供决策依据。例如，国家的就业方针，各地方及行业的就业政策、有关就业机构的功能职责，所在院校的就业工作流程等。当然，最重要的还是用人单位的需求信息。

第三，就业信息是顺利就业的可靠保证。毕业生依据自己所拥有的就业信息，经过筛选比较、科学决策，锁定一个或几个相对准确的目标，全面了解这些目标的基本情况，如企业的经营方式、产品结构、市场行情、企业历史和发展前景，特别是要了解应聘岗位的要求。

二、大学生就业材料的准备

简历不是一张简简单单的学习、工作经历的总结表，而是展示综合素质的重要途径，大学生要学会如何制作优秀的个人简历，通过它找到心仪的工作。

（一）就业推荐表

推荐信是一个人为推荐另一个人去接受某个职位或参与某项工作而写的信件，是一种应用写作文体。

现在使用的就业推荐表，是由学校毕业生就业指导服务中心统一印制的，其栏目有姓名、性别、民族、出生年月、政治面貌、学校名称、专业、学历、培养类别、外语水平、健康状况、学校地址、特长、奖惩情况、在校表现、院系推荐意见、学校毕业生就业指导中心意见等。就业推荐表填写的注意事项如下。

第一，不能涂改。就业推荐表具有代表校方的作用，有关部门是加盖了公章的，因此，填表的时候一定要细心、认真。在校成绩单、院系推荐意见等部分，一旦有涂改的痕迹，就可能引起用人单位的误解。因此，发现错误时，应当换一张重新填写。

第二，在备注栏中叙述自己的突出优势。自己具有的一些突出优势可以在备注栏里展示，比如发表的重要作品，或者突出的外语能力、突出的工作经历等。

第三，保证推荐表的唯一可信性。推荐表的原件不可仿制，更不可谎称遗失而重新补办。这样会影响学校的声誉从而造成不良影响。毕业生在"双向选择"的过程中可以使用推荐表的复印件进行"自我推销"。只有与用人单位签订协议时，才向用人单位或人事主管部门交出推荐表的原件。

就业推荐表是毕业生和用人单位达成意向后，毕业生在签订就业协议前递交给用人单位的一份正式文件，用人单位应该妥善保存。毕业生如果因种种原因和用人单位解除了录用关系，应该索回就业推荐表，以便与下一个单位签约。若遗失要及时到学校就业主管部门补办手续，以免耽误求职。

（二）自荐信

1. 自荐信的功能

自荐信是求职者写给用人单位的信，目的是让对方了解自己、相信自己、录用自己，它是一种私人对公并有求于公的信函。自荐信的格式有一定的要求，内容要求简练、明确，切忌模糊、笼统、面面俱到。自荐信具有以下两种功能。

（1）沟通交往，意在公关。自荐信是沟通求职者和用人单位之间的桥梁。通过一定的沟通，在相互认识、交流的基础上，实现相互的交往，是求职信的基本功能。实现交往，求职者才可能展示才干、能力、资格，突出其实绩、专长、技能等优势，从而得以录用。因此，自荐信的自我表现力非常明显，带有相当的公关要素与公关特色。

（2）表现自我，意在录用。要想实现自己的求职目的，就要充分扬长避短，突出自我优势，才能在众多的求职者中崭露头角，以自己的某些特长、优势、技能等吸引用人单位。

2. 自荐信的撰写

（1）篇幅尽量简短。只有篇幅简短、重点突出的自荐信才会引起用人单位的注意，才能收到好的效果。

（2）突出个性。面对不同的招聘单位和不同的职位，自荐信在内容侧重点上要有所不同，必须有很明确的针对性，切忌千篇一律，没有自己的特色。只有突出自己的个性，并很好地找到招聘岗位要求和自身条件的匹配点的自荐信才会被招聘者关注。

（3）实事求是。适度的谦虚会让人产生好感，但过分的谦虚则容易给人留下缺乏自信的印象，而且虚假浮夸的表述很容易被招聘者识破。因此，陈述要客观真实，适度修饰。由于文化上的差异，一般对外资企业需要充分地展示自己的能力，充满自信，而对国企、国家机关以及国有企事业单位则应适当内敛，着重介绍自己的知识和能力，语气要适度含蓄。

（4）语句通顺，文字流畅。自荐信一般要求打印，要做到排版工整、美观，不要出现错别字，语句流畅通顺，文字通俗易懂，切忌用华丽的辞藻进行堆砌，少讲大话、空话和套话。

（5）尽量不要谈薪酬。如果没有被要求，不宜在自荐信中谈论薪酬待遇。如果招聘者要求自己提供薪酬要求，那么就适度地说明，或者参照行业薪酬标准的中等水平，并且注明这是可以协商的。

（6）仔细检查。写完后应认真阅读修改，或请周围的人帮助修改，避免有歧义的表述，避免重点不突出或表述层次不清等疏漏，这样自荐信才更能准确地表达求职者的信息。

（三）个人简历

个人简历是求职者给招聘单位发的一份简要介绍，它包含自己的基本信息，如姓名、性别、年龄、民族、籍贯、政治面貌、学历、联系方式，以及自我评价、工作经历、学习经历、荣誉与成就、求职愿望、对这份工作的简要理解等。现在常常通过网络找工作，因此一份良好的个人简历对于获得面试机会至关重要。

通过阅读个人简历，招聘人员可以从多个方面来考量求职者。①求职者的能力。招聘者根据求职者受教育的程度、有无相关工作经历、取得过何种成绩等来判断求职者的基本能力和素质，因此简历中需列举具体的事实来证明求职者能胜任招聘岗位。②求职者的职业诚信。招聘者很看重求职者的职业诚信，会注重求职者工作的稳定性及材料表述的真实性，如果频繁跳槽或经历表述中有隐瞒、欺骗的信息，就会使招聘人员对求职者的职业诚信有所怀疑，从而影响求职者的求职。③求职者的思维特征。招聘者可通过简历表述的层次性、逻辑性、准确性及文字写作能力，来判断求职者的思维特征。

1. 简历的类型

（1）文字型简历。文字型简历是用文字描述自己的经历，如个人基本情况、做过什么工作、有何成绩、获过什么奖励等。这是传统的写法，现在一些用人单位往往愿意用有经验、有教训的人，关键是看应聘者能否从失败中找到原因，是否具有敢于担当的勇气。

（2）表格型简历。表格型简历是以表格的形式分栏目介绍个人情况的简历，比较简练，一目了然。特别是经计算机处理后的表格型简历，非常规范、美观。在 Word 文档中有很多简历模板，基本上可以满足我们的需求。简历的样式不要太花哨，能够突出个人信息即可。针对设计类的职位，则需花一些时间制作有个性的简历，以充分展示自己的设计水平。

2. 简历的内容

（1）个人资料。个人资料必须有姓名、性别、联系方式（固定电话、手机、电子邮箱、固定住址）。

（2）学业有关内容。学业有关内容包括毕业学校、学院、学位、所学专业、班级、城市和国家，然后是获得的学位及毕业时间，学过的专业课程（可把详细成绩单附后）以及一些对工作有利的辅修课程以及毕业设计等。

（3）本人经历。本人经历指大学以来的简单经历，主要是学习和参与社会工作的经历，有些用人单位比较看重你在课会参加过哪些活动，如实习、社会实践、志愿工作者、学生会、团委工作、社团等其他活动。

（4）荣誉和成就。荣誉和成就包括"优秀学生""优秀学生干部""优秀团员"及奖学金等方面所获的荣誉，还可以把你认为较有成就的经历（比如自立读完大学等）写上去；或者是参加国家学术性竞赛、国际比赛获得的荣誉等。

（5）求职愿望。求职愿望应表明你想做什么，能为用人单位做些什么，此部分的内容应简明扼要。

（6）附件。附件可包括个人获奖证明，如优秀党、团员，优秀学生干部证书的复印件，外语等级证书的复印件，计算机等级证书的复印件，发表论文或其他作品的复印件等。

（7）个人技能。个人技能包括专业技能、IT 技能和外语技能，同时也可以罗列出技能证书。

（8）第三方推荐。第三方推荐是指通过专业的职业测评系统出具详细客观的测评报告，作为第三方推荐信，附在简历后面作为求职推荐的形式。一方面说明求职者的职业性格、职业兴趣；另一方面有利于用人单位判断求职者与岗位的匹配情况。

3. 简历的格式

（1）时序型。时序型格式是简历格式的当然选择，因为这种格式能够演示出持续和向上的职业成长全过程，它是通过强调工作经历实现这一点的。时序型格式以渐进的顺序罗列你曾就职的职位，从最近的职位开始，然后再回溯。区分时序型格式与其他类型格式的一个特点是罗列出的每一项职位下，要说明责任、该职位所需要的技能以及最关键的、突出的成就。关注的焦点在于时间、工作持续期、成长与进步以及成就。

（2）功能型。功能型格式在简历的一开始就强调技能、能力、自信、资质以及成就，但是并不把这些内容与某个特定雇主联系在一起。职务、在职时间和工作经历不作为重点以便突出强化个人的资质。这种类型的格式关注的焦点完全在于所做的事情，而不在于这些事情是在什么时候和什么地方做的。

（3）综合型。综合型格式提供了最佳选择——首先扼要地介绍你的市场价值（功能型格式），随即列出工作经历（时序型格式）。这种强有力的表达方式迎合了招聘的准则，并且通过专门凸显能够满足潜在行业和雇主需要的工作经历来加以支持。而随后的工作经历部分则提供了曾就职的每项职位的准确信息，它直接支持了功能部分的内容。综合型格式很受招聘机构的欢迎，它既强化了时序型格式的功能，同时又避免了使用功能型格式而招致的怀疑。当功能部分信息充实，有阅读者感兴趣的材料而且工作经历部分的内容又能够强有力地作为佐证加以支持时，尤为如此。

（4）履历型。履历型格式的使用者绝大多数是专业技术人员或是那些应聘的职位仅仅需要罗列出能够表现求职者价值的资信。如医生就是使用履历型格式的典型职业。在履历型格式中无须其他，只需罗列出资信情况，如就读的医学院、住院实习情况、实习期、专业组织成员资格、就职的医院、公开演讲场合及发表的著作。

（5）图谱型。图谱型格式是一种与传统格式截然不同的简历格式。传统的简历写作只需要运用左脑，思路限定于理性、分析、逻辑及传统的方式。而使用图谱型格式还需要开动右脑（大脑的这一半富于创意、想象力和激情），让简历更加生动。

第六章 大学生就业技巧与职业适应

第一节　大学生求职定位与求职策略

一、大学生的求职定位

大学生的求职定位可以根据个人的专业背景、职业志向以及市场需求来确定。一般来说，以下方面可以作为参考。

（一）专业背景

专业背景在大学生的求职定位中起着至关重要的作用。根据所学专业的知识和技能，选择与专业相关的职位可以提高求职成功的机会，并为个人的职业发展打下坚实基础。以下是一些具体的职业选择，适用于不同专业背景的大学生。

1. 计算机科学专业

计算机科学专业的学生具备计算机编程、算法设计和软件开发等技能，他们可以考虑以下职位。

（1）软件工程师。负责开发、测试和维护软件应用程序，能够利用编程语言和开发工具实现创新的解决方案。

（2）数据分析师。利用统计学和数据挖掘技术，从大量数据中提取有价值的信息，为企业的决策提供支持。

（3）人工智能研究员。致力于开发智能系统和机器学习算法，解决复杂的问题，如自然语言处理、图像识别和智能推荐系统。

2. 金融专业

金融专业的学生掌握着投资、风险管理和财务分析等领域的知识，他们可以考虑以下职位。

（1）投资银行分析师。负责进行市场研究和财务建模，协助投资银行的投资决策和交易执行。

（2）金融分析师。分析公司的财务状况、市场趋势和投资机会，为客户提供投资建议和风险评估。

（3）风险管理师。评估和管理企业面临的各种风险，制定风险控制策略和政策，确保企业的可持续发展。

3. 市场营销专业

市场营销专业的学生具备市场调研、品牌管理和广告推广等技能，他们可以考虑以下职位。

（1）市场营销经理。制定和执行市场营销策略，推动产品或服务的销售增长，并监测市场竞争环境。

（2）市场调研分析师。负责收集和分析市场数据，评估市场需求和竞争状况，为市场决策提供依据。

（3）品牌经理。负责品牌的策划、推广和管理，提高品牌知名度和消费者认知度。

4. 工程专业

工程专业的学生具备设计、建模和解决复杂问题的能力，他们可以考虑以下职位。

（1）工程师。根据项目需求进行设计、施工和维护，例如土木工程师、电气工程师、机械工程师等。

（2）项目经理。负责规划、协调和管理项目的执行，确保项目按时、按质、按成本完成。

（3）品质控制工程师。负责制定和执行品质控制策略，监测产品和流程的品质标准，确保产品符合质量要求。

5. 媒体与传播专业

媒体与传播专业的学生具备写作、编辑和媒体策划的技能，他们可以考虑以下职位。

（1）媒体编辑。负责编辑和校对新闻稿件、出版物或在线内容，确保信息准确、流畅，并符合媒体的风格。

（2）公关专员。负责组织和执行公关活动，与媒体和利益相关者沟通，维护和提升组织的声誉。

（3）社交媒体经理。管理和运营组织的社交媒体平台，制定社交媒体战略，增加品牌曝光和用户参与度。

以上仅是一些常见的职业选择，实际上，不同专业背景的大学生可以在相关领域中找到更多适合自己的职位。在选择职位时，大学生还应考虑个人兴趣、职业发展前景和自身优势等因素，以确保选定的职位与个人目标相符，并为未来的职业道路打下坚实基础。

（二）职业志向

职业志向和长期发展目标是决定求职定位的重要方面，它们反映了个人的兴趣、价值观和追求的职业方向。考虑到个人的职业志向可以帮助大学生更加准确地选择适合自己的工作，并为未来的职业发展作出规划。以下是一些具体的职业志向和相关领域的工作机会。

1. 环境保护

对环境保护有浓厚兴趣的学生可以寻求在环境保护机构或可持续发展领域的工作机会。他们可以考虑以下职位。

（1）环境工程师。负责设计和实施环境保护措施，解决环境污染和可持续发展方面的问题。

（2）环境政策分析师。评估环境政策的影响，并提出建议，以促进可持续发展和环境保护。

（3）可持续发展顾问。为组织提供可持续发展战略和实施计划，推动经济、社会和环境的协调发展。

2. 社会公益

对社会公益有热情的学生可以考虑在非营利组织、慈善机构或社会服务机构工作。以下是一些相关的职业选择。

（1）社会工作者。提供支持和服务，帮助弱势群体解决问题，并推动社会公正和福利。

（2）慈善基金会项目经理。负责筹款活动和慈善项目的管理，确保资源的合理分配和项目的顺利进行。

（3）社会企业家。创立或参与社会企业，将商业模式与社会责任相结合，推动社会问题的解决和社会变革。

3. 创新与创业

对创新和创业有浓厚兴趣的学生可以考虑加入初创企业或创业团队。以下是一些相关的职业选择。

（1）创业者。创办自己的公司或组织，发展新产品、服务或解决方案，追求商业成功和社会影响。

（2）创新经理。在大公司或创新实验室中负责推动创新项目的开发和实施，推动组织的创新能力。

（3）创业生态系统支持者。在孵化器、加速器或风投机构中提供支持和指导，帮助创业者实现创业目标。

4．教育与培训

对教育和培训有热情的学生可以考虑在教育机构、培训机构或教育科技公司工作。以下是一些相关的职业选择。

（1）教师或讲师。在学校或培训机构中传授知识和技能，培养学生的学术和职业发展。

（2）教育顾问。为学生或教育机构提供咨询和指导，制定教育规划和发展战略。

（3）教育科技专家。利用技术和创新手段改善教育过程和学习体验，开发教育应用和在线学习平台。

5．文化艺术

对文化艺术有热情的学生可以考虑在博物馆、艺术机构或文化产业中工作。以下是一些相关的职业选择。

（1）策展人。负责策划和组织展览，研究和传播艺术和文化的价值和意义。

（2）文化项目经理。管理和执行文化项目，推动文化产业的发展和艺术活动的举办。

（3）文化遗产保护专家。负责保护和传承文化遗产，研究和推广文化遗产的价值和重要性。

（三）市场需求

市场需求是确定求职定位的重要参考因素，了解当前就业市场的需求可以帮助大学生选择具有潜力和发展前景的职位。随着科技的不断发展，许多行业正在迎来新的机遇和挑战。以下是一些具有潜力和发展前景的职位和相关领域，供大学生参考。

1．人工智能领域

随着人工智能技术的不断发展和应用，人工智能领域的工作机会不断增多。以下是一些与人工智能相关的职位。

（1）机器学习工程师。负责开发和优化机器学习算法，用于数据分析、自动化和预测模型等领域。

（2）自然语言处理（NLP）工程师。研究和开发能够理解和处理人类语言的计算机系统，应用于语音识别、翻译和智能助理等方面。

（3）人工智能伦理顾问。负责研究和解决人工智能在伦理和社会影响方面的问题，确保人工智能技术的合理和负责任应用。

2. 大数据分析领域

随着数据规模的快速增长，对于大数据分析的需求也在不断增加。以下是一些与大数据分析相关的职位。

（1）数据科学家。利用统计学和机器学习技术分析大规模数据，提取有价值的洞察和模式，为决策制定和业务优化提供支持。

（2）数据工程师。设计和维护大数据系统和基础架构，确保数据的采集、存储和处理高效可靠。

（3）数据分析师。收集、清洗和分析数据，为企业提供业务洞察和决策支持，帮助提升业绩和竞争力。

3. 物联网领域

物联网技术的普及和应用推动了物联网领域的发展。以下是一些与物联网相关的职位。

（1）物联网解决方案架构师。设计和实施物联网系统架构，包括传感器、通信和数据处理等组件，实现设备互联和数据沅的管理。

（2）物联网安全专家。负责物联网系统的安全设计和防护措施，保护设备和数据免受网络攻击和数据泄露的风险。

（3）物联网项目经理。协调和管理物联网项目的规划、执行和交付，确保项目按时、按质完成。

4. 清洁能源与可持续发展领域

随着对可再生能源和环境可持续性的关注增加，清洁能源和可持续发展领域的工作机会也在增长。以下是一些与清洁能源和可持续发展相关的职位。

（1）可再生能源工程师。设计和开发利用太阳能、风能、水能等可再生能源的系统和设备。

（2）可持续发展顾问。为组织提供可持续发展战略和实施计划，推动经济、社会和环境的协调发展。

（3）环境工程师。设计和实施环境保护措施，解决环境污染和可持续发展方面的问题。

此外，数字营销、电子商务、人力资源管理、生物技术、医疗保健和金融科技等领域也是当前就业市场需求较高的领域。了解行业趋势和市场需求，对大学生确定求职定位和规划职业发展非常重要。通过自主学习、参加行业活动和实习，积累相关经验和技能，将有助于更好地适应市场需求，并提高就业竞争力。

（四）技能和能力

技能和能力在决定求职定位时起着重要的作用。除了专业背景，个人的技能和能力是雇主考虑招聘候选人的关键因素。以下是一些常见的技能和能力，它们可以影响求职定位的选择。

1. 沟通能力

良好的沟通能力对于许多职位都是必要的。能够清晰、准确地表达思想和观点，并有效地与他人沟通合作，是求职中受欢迎的能力。这种能力可以适用于销售、客户服务、公关、市场营销等职位。

2. 领导才能

具备领导才能可以使求职者在管理和团队领导方面具备竞争优势。这包括能够激励和激发团队成员的能力，以及有效地组织和管理项目和资源。领导才能适用于项目管理、团队管理、部门管理等职位。

3. 团队合作

团队合作能力是在团队环境中有效工作的关键。具备良好的团队合作能力意味着能够与不同背景、专业和观点的人合作，共同追求共同的目标。团队合作能力适用于许多职位，尤其是与团队合作紧密相关的职位，如市场营销、项目管理和创意团队等。

4. 分析能力

分析能力涉及收集和解释信息、识别模式和趋势、进行逻辑推理和决策。这对于数据分析、市场研究、财务分析和战略规划等需要处理大量信息和数据的职位非常重要。

5. 创新思维

创新思维是在解决问题和应对变化中提出新想法和创新解决方案的能力。创新思维适用于创业、产品开发、市场推广等需要不断创新和适应变化的职位。

6. 技术能力

随着科技的快速发展，许多职位对技术能力的需求也在增加。这包括熟练掌握特定的软件应用程序、编程语言、数据分析工具等。具备良好的技术能力可以适用于计算机科学、数据分析、网络安全等职位。

7. 问题解决能力

问题解决能力是在面对挑战和困难时找到解决方案的能力。这包括分析问题、制订计划和执行解决方案的能力。拥有良好的问题解决能力对于技术领域、管理职位和创新型职位都至关重要。

8. 自我管理能力

自我管理能力包括时间管理、目标设定、自我激励和灵活性等方面。具备自我管理能力可以有效地组织和管理个人工作，提高工作效率和成果。

在确定求职定位时，考虑自己的技能和能力是至关重要的。了解自己的优势和弱点，选择与自己技能和能力相匹配的职位，并在求职过程中突出展示相关的技能和经验，将有助于提高成功的机会。这可以通过简历、面试和实习等方式来展示和证明。另外，不断学习和提升技能也是关键，可以通过培训、自学和参与项目等方式来发展和提高技能和能力。

二、大学生的求职策略

"当前，就业形势越来越严峻，各个高校应注重以学生就业为导向，指导大学生制定职业生涯规划，使大学生不再迷茫就业，清楚就业方向，同时，依据岗位和社会需求培养大学生，使大学生具有专业知识，符合岗位需求，顺利找到理想的工作，从而提高大学生的就业效率。"[①] 大学生的求职策略是关系到他们未来职业发展的重要一环。一个明确的求职策略可以帮助大学生更好地规划自己的职业道路、寻找适合自己的工作机会，并提高求职成功的机会。具体的求职策略如下。

（一）自我认知和目标设定

1. 自我认知

自我认知是指对自己的了解和认识，包括兴趣、价值观、优势和弱点等方面。大学生

---

① 闫莉菲，魏玉曦. 基于需求导向的大学生职业适应培养研究 [J]. 科技视界，2017，No. 207 (21)：43+7.

在求职之前应该进行自我反思，思考自己的兴趣和热情所在，以及自己的个性特点和价值观。了解自己的兴趣有助于找到与之相关的职业领域，让自己能够在工作中找到乐趣和满足感。同时，了解自己的优势和弱点可以帮助大学生更好地选择适合自己的职位，并为提升自己的能力做出相应的努力。例如，一个善于沟通和组织的学生可能更适合从事销售或项目管理等与人际交往密切相关的职业。通过自我认知，大学生能够更好地了解自己的优势和不足，从而更有针对性地制定求职策略。

2. 目标设定

目标设定是在明确自己的职业目标和追求之后，为实现这些目标而设定的具体计划。大学生应该明确自己的短期和长期求职目标。短期目标是在短时间内可以实现的目标，通常包括获得实习经验、提升特定的技能或获得某种认证。通过实习，大学生可以接触到实际工作环境，积累相关经验，增加自己在求职中的竞争力。提升特定的技能，如语言技能、计算机技能、领导力技能等，可以使大学生在求职过程中更有优势。长期目标是为了实现自己的理想职业或职业发展而设定的目标。大学生可以思考自己希望达到的职位、行业或领域，并为此制订长期计划和学习规划。长期目标有助于大学生在求职过程中保持动力和坚持，并为未来的职业发展奠定基础。

在进行自我认知和目标设定时，大学生可以采取一些具体的方法和工具来帮助自己。例如，他们可以进行 SWOT 分析，评估自己的优势（Strengths）、劣势（Weaknesses）、机会（Opportunities）和威胁（Threats）。这可以帮助他们全面了解自己的内外部环境，并发现自己的优势和弱点，从而更好地选择适合自己的职业发展方向。此外，与他人交流和寻求反馈也是一种有益的方式。通过与家人、朋友、老师或职业顾问的交流，大学生可以获得更多的观点和建议，进一步认识自己，并从他人的经验中获得启发。

总之，自我认知和目标设定是求职过程中不可或缺的一部分。通过了解自己的兴趣、优势和弱点，并设定明确的短期目标和长期目标，大学生可以更有针对性地规划自己的职业道路，并为未来的职业发展做出明智的决策。这些认知和目标将指导他们在求职过程中选择合适的机会、发展所需的技能，并提高自己的就业竞争力。

（二）专业规划和发展

1. 深入了解专业

大学生应该积极地深入了解自己所学专业的就业前景、行业趋势和技能需求。这种了解可以通过以下途径来实现。

（1）与行业专业人士交流。大学生可以与在相关行业工作的专业人士进行交流，了解行业内的工作环境、职位需求和发展前景。可以通过校友网络、行业协会、职业展览会等途径寻找机会与专业人士进行交流。

（2）参加行业活动。参加行业研讨会、讲座、行业展览等活动，可以更深入地了解行业的最新动态、创新趋势和热门话题。这有助于大学生跟上行业发展的步伐，并为自己的专业规划做出相应的调整。

（3）研究行业报告和趋势。阅读行业报告、研究行业趋势和市场需求的变化，可以帮助大学生了解当前行业的状况和未来的发展方向。这有助于他们做出明智的决策，并为自己的职业发展做好准备。

2. 补充技能和知识

大学生可以根据自己所学专业的要求和市场需求，主动补充相关的技能和知识。以下是一些方法和途径。

（1）参加培训课程。选择与自己专业相关的培训课程，可以提升自己的专业技能和知识。这些培训课程可以是学校或机构提供的，也可以是在线课程或认证课程。通过不断学习和提升自己的技能，大学生可以增加自己在就业市场上的竞争力。

（2）自学和研究。利用自学和研究的方式，大学生可以深入研究自己感兴趣的专业领域，并掌握最新的技术和知识。这可以通过阅读相关的书籍、期刊论文、技术博客等方式实现。同时，大学生也可以通过参与开源项目、自主研究和实践来提升自己的实际操作能力。

（3）参与实践项目和实习。积极参与与自己专业相关的实践项目和实习，可以帮助大学生将所学的理论知识应用于实际工作中，并获得实际工作经验。这不仅有助于提升技能和知识，还能增加自己的工作经验和专业信心。

通过深入了解专业和补充相关的技能和知识，大学生可以更好地适应就业市场的需求，并为自己的职业发展做好准备。这不仅可以提高他们在求职过程中的竞争力，还能使他们在工作中更加自信和有成就感。此外，随着行业的不断发展和变化，大学生也应保持学习的态度，及时更新自己的知识和技能，以适应行业的新要求和挑战。

（三）建立个人品牌

建立个人品牌是大学生在求职过程中展示自己的重要手段，它可以帮助他们在竞争激烈的就业市场中脱颖而出。具体策略如下。

1. 优化简历

大学生的简历是与雇主沟通的重要工具,它应该准确地展示他们的教育背景、实习经验、技能和项目经历。以下是一些优化简历的关键要点。

(1)目标职位定位。针对每个求职职位,大学生应调整简历的重点,突出与目标职位相关的经历和能力。这可以通过在简历中强调与目标职位相关的项目经验、技能和成就来实现。

(2)简洁明了的结构。简历应该具有清晰、简洁的结构,使雇主能够快速地浏览和理解关键信息。使用简明扼要的标题和段落,以及项目符号和编号,可以使简历更易于阅读。

(3)强调成就和贡献。在描述项目经验和工作经历时,大学生应重点强调自己的成就和贡献。使用量化的数据和具体的结果来说明自己在过去的工作中取得的成绩,可以更有说服力地展示自己的能力和价值。

(4)校对和编辑。在提交简历之前,大学生应该仔细校对和编辑,确保没有拼写错误、语法错误或格式问题。一份精心制作、没有错误的简历可以给雇主留下良好的第一印象。

2. 个人网站和社交媒体

在现代社会中,搭建个人网站和建立专业形象的社交媒体账户已经成为展示个人品牌的常见方式。以下是一些建立个人品牌的方法。

(1)搭建个人网站。大学生可以通过搭建个人网站来展示自己的项目作品、专业观点和个人成就。个人网站可以包括自我介绍、教育背景、工作经验、技能展示、项目展示以及联系方式等内容。通过精心设计和定期更新个人网站,大学生可以展示自己的专业素养和创造力。

(2)社交媒体展示。大学生可以在专业社交媒体平台上建立个人账户,通过平台,他们可以展示自己的专业技能、项目经验和成就,与其他专业人士进行交流和联结。同时,大学生应注意在社交媒体上维护良好的个人形象,发布与专业相关的内容,展示自己的专业素养。

(四)寻找实习和实践机会

1. 学校资源

大学生应该充分利用学校提供的各种资源来寻找实习和实践机会。以下是一些学校资源的利用方式。

（1）就业指导中心。学校的就业指导中心通常提供求职指导、职业咨询和实习机会信息等服务。大学生可以通过预约咨询或参加工作坊等方式，获取有关实习机会的信息，并获得有关简历撰写、面试技巧和职业规划等方面的指导。

（2）校园招聘会。学校经常组织校园招聘会，邀请各类公司和组织前来招聘实习生。参加校园招聘会可以直接与雇主交流，了解实习机会和职位要求，并提交个人简历。这是一个很好的机会，可以与多家公司面对面接触，并进行初步面试。

（3）校友网络。学校的校友网络是一个宝贵的资源，通过与校友建立联系，大学生可以了解他们的职业发展经历，并寻求他们的建议和指导。校友网络还可以为大学生提供实习机会和就业推荐，这些机会通常来自校友所在的公司或组织。

2. 行业协会与组织

参加行业协会和组织的活动可以为大学生提供更多的实习和实践机会。以下是一些行业协会和组织的利用方式。

（1）参加活动和研讨会：行业协会和组织经常组织各种活动、研讨会和讲座等，涵盖行业内的最新动态、技术趋势和专业知识。参加这些活动可以与行业专业人士进行交流和互动，了解行业内的实践机会，并拓展人脉网络。

（2）实习和志愿者机会：行业协会和组织通常会推出实习和志愿者机会，为大学生提供实践经验和专业发展的机会。这些机会可以通过协会或组织的官方网站、社交媒体或邮件列表获得，大学生可以根据自己的兴趣和专业方向选择参与。

（3）寻求导师和指导：行业协会和组织中的资深会员或行业领袖可能愿意担任大学生的导师或指导者。他们可以提供宝贵的职业建议、专业指导和实习推荐，帮助大学生在行业中取得更多的机会和发展。

通过充分利用学校资源和参与行业协会与组织的活动，大学生可以找到更多的实习和实践机会。这些机会不仅提供实践经验和专业发展的机会，还能帮助他们建立广泛的人脉网络，了解行业动态，并增加就业竞争力。大学生应该积极主动地参与这些活动，提高自己的专业素养，并寻找与自己职业目标相符的实习和实践机会。

第二节 大学生笔试、面试技巧分析

一、大学生笔试技巧

在充分准备的基础上，还要注意笔试时的技巧，以提高答题效率。笔试技巧主要包括以下方面。

第一，增强信心。信心是成就一切事业的重要保证。笔试怯场，大多是由于缺乏自信心。客观冷静地对自己进行正确评估，就能克服自卑心理，增强自信心。应聘笔试同高考不同，高考是一锤定音，而应聘笔试是"双向选择"的一种方式，单位在选择应聘者时，应聘者也在选择单位，所以应聘者不应有太大的心理负担。

第二，做好考前准备。参加考试前，最好应先熟悉一下考场环境，这对消除应试时的紧张心理有所帮助。要弄清楚考试的要求和注意事项，尽量按要求事先准备好。带好必要的证件和一些考试必备文具等。考试前要保证睡眠，不要打疲劳战，确保考试时精力旺盛。

第三，科学答卷。答卷也是有讲究的，拿到试卷后，先不要急着做题，首先应通览一遍，了解题目的多少和难易程度，使自己对答题的顺序和重点有一个大概的把握。然后按照先易后难的原则，先做相对简单的题目和分值较高的题目，最后再攻克难题，这样就不会因攻克难题而费时太多。还应留出时间对试卷进行复查，注意不要漏题。卷面字迹要清晰，书写过于潦草、字迹难以辨认也会影响考试成绩。求职笔试不同于其他专业考试，有时招聘单位并不特别在意应试者考分的些许高低，认真的态度、细致的作风、新颖的观点也许会提高被录取的概率。

二、大学生面试技巧

（一）面试的类型

1. 结构式面试

结构式面试的目的在于去除偏见，帮助雇主做出客观的决定。结构式面试由面试主考官掌控面试的全过程，他会按照事先设定的考核标准精心设计问题，制定标准的评判或计分方法，然后对应聘相同职位的应聘者进行相同问题的测试或谈话，以此考核应聘者的知识、能力、经验等，并作出相应评价。结构式面试属于常规式面试，为众多用人单位所采用。

2. 非常规面试

"非结构化面试是指面试没有应遵循的特别形式，主试者可以问随机想起的问题，谈话可以向各个方向展开。它的优点是可鼓励求职者讲出心里话，收集更为丰富的信息，方式灵活。"① 常见的非常规面试有以下形式。

（1）自由式面试。由面试官与应聘者自由漫谈，使应聘者得到充分放松与自由发挥，从而更全面地了解应聘者。

（2）压力式面试。面试官有意识地向应聘者施加压力，或针对某一问题进行一连串发问，刨根究底，使应聘者疲于应付，十分被动，使其陷入难堪的境地，以此考察应聘者承受挫折的能力、随机应变的能力及心理素质等。

（3）即兴演讲式面试。一般采取现场抽签的方式，进行即兴命题式演讲。从应聘者抽到演讲题目开始，到准备演讲，直至完成演讲，一般不超过 15 分钟。演讲时间一般为 5 分钟左右。这种面试主要考察应聘者的语言表达能力、思维敏捷性、逻辑性、知识渊博性等。产品销售员、公关人员、教师等职业领域较多采用即兴演讲式面试。

（4）角色模仿面试。由应聘者现场模仿所应聘岗位的角色，并据此判断应聘者的学习能力、语言表达能力、公关活动能力、业务水平、随机应变能力，以及对所应聘岗位的认识程度、理解程度及是否能胜任这一工作。

（5）情景式面试。设想某种场景，由应聘者在该场景中扮演某种角色去完成某项任务，并据此判断应聘者的反应能力和随机应变能力。

3. 评估中心

评估中心是一系列考核方式的综合，这是一些专业化程度较高的外资企业通常使用的方法。这种面试包括在公众面前的个人演讲、辩论、无领导的小组讨论、团队创建游戏等，其测试目的是考核应聘者的适应能力和在一个全新的、毫无准备的情境中处理问题的能力。

4. 一对一个别面试

一对一的个别面试经常应用于第一轮面试，其目的不是找出期望中的人选，而是通过对应聘者所具备的知识技能和经验等进行初步的了解与核实，以剔除一些素质较差的应聘者。

---

① 郭帆，崔正华，李猛，等. 大学生职业生涯规划与就业指导 [M]. 南京：东南大学出版社，2018：157.

5. 多对一主试团面试

多对一的主试团面试是由人力资源部经理、业务部门经理及将来有机会与应聘者共事的同事等人组成面试团，对应聘者的人格特质、业务素质、行为风格等进行考核。应聘者要对面试团成员的所有提问进行回答，并要注意与他们之间的沟通，不能忽略其中任何一个人的问题。面试结束后，面试团会综合所有成员的意见给应聘者一个评价。

6. 多对多的小组面试

多对多的小组面试中，主试方和应聘者都是多个人，主试方多人从不同角度轮流对一个应聘者提问，并要求其他应聘者对同一问题依次进行回答，从而对应聘者进行比较和权衡。通过这种面试，主考官通常想了解应聘者与团队互动的情况、每个应聘者在团队中的角色、谁会在团队中以领导身份出现等。这种面试形式中，考虑周到、表现机智很重要，但是不要独占会谈场面。

7. 远程视频面试

远程视频面试是运用现代网络技术手段，通过网络视频进行远程面对面网络交流的面试方式。

（二）面试的准备

面试是大学生通往自己心仪单位的必经之路，在面试前的准备可从硬件准备和软件准备两方面着手。

1. 硬件准备

（1）推荐材料的准备。面试之前根据用人单位的特点和要求准备几种格式的推荐材料，确保面试官想看什么就有什么，除此之外，还应准备就业协议书。

（2）个人形象的准备。面试前应该准备一套合适、得体的职业装，男性最好是深色西装，配同色系或互补色系的衬衫，还要系上领带、穿皮鞋。女性可以选择稍休闲的职业装，若是裙装，则要穿丝袜、合适的高跟鞋。保持良好的举止也能够为面试加分，如站姿、坐姿、眼神表情等都要规范。穿着打扮既能反映一个人的修养，也是对面试官和用人单位的尊重。一般情况下，衣着不整、蓬头垢面会给面试官留下不好的印象，而过于时尚的打扮又会被认为不成熟或不可信任。

（3）纸、笔、证件的准备。面试之前一定记住准备好用于面试时记录的纸和笔，并准备好用于证明自己身份和优秀素质的相关证件、证书。需要准备的有关证件包括学生证、身份证、毕业证、相关荣誉证书、发表的各类作品等，最好将相关证书、作品等复印件整理装订成册，并带上原件。

2. 软件准备

（1）"知彼知己"。一方面，尽可能详细了解用人单位的情况，包括组织内部情况和组织外部情况两方面。组织内部情况又包括发展历史和最新动态、发展目标与组织文化、单位领导人的姓名、单位规模与行政结构、服务内容与类别、财政状况、绩效考核体系、培训体系、薪酬体系、正在招聘的职位及能力要求等；组织外部情况包括服务对象的类型及规模、组织的公众形象与社会评价、主要竞争对手的情况等。另一方面，尽可能全面认识自己，包括自己的基本情况、教育背景、知识结构、专业水平、组织管理能力、兴趣爱好、社会经验、公众评价、主要优缺点等；只有知彼知己，才能在面试中胸有成竹、言之有物，增强面试的针对性和说服力。

（2）加强面试技巧培训。一般的企业面试竞争压力不会太大，面试者无须掌握过多面试技巧就能通过。但对于知名企业、国企、事业单位等的岗位或公务员面试，应聘者多，用人单位优中选优，这时对面试者技巧要求较高，往往一个环节把握不到位，或是一个问题回答有偏差，则可能导致出局。因此，参加一定的专业面试技巧培训，虚心听取他人意见，加强语言表达能力和随机应变能力的训练尤其重要。

（3）保持良好的心态，努力克服紧张心理。既要充分认识到求职竞争的激烈、残酷和困难，又要充分树立战胜自我、战胜他人的必胜信心。要敢于正视失败，要勇于丢掉思想包袱，轻装上阵，畅所欲言，不要患得患失。既不能把一次面试和工作机会看得过轻，又不能将其看得过重，从而背上沉重的心理负担和思想包袱。

（4）回顾简历并预演面试场景。求职者通常会针对不同的企业或不同的岗位而对简历进行相应调整，所以在面试前，应聘者应该对投递的简历进行回顾，重新熟悉内容，特别是在个人介绍部分要突出入职匹配度，让面试官相信你确实有可用之处。做好这些工作后，可以请一位有经验的朋友、同学或老师扮演面试官，对面试进行必要的模拟演练，对一些可能提到的问题进行预先熟悉，以便于面试时能更好地发挥。

（三）面试各环节的技巧

1. 面试自我介绍的技巧

留下良好而深刻的第一印象是面试成功的一半。自我介绍要求应聘者清楚说出自己的基本情况，时间以 2~3 分钟为宜，思路要清晰、重点要突出，主要陈述自己的强项、优势、专业知识技能、成就等情况，突出能为应聘单位做什么贡献，不要重复简历上的内容。

应聘者在自我介绍时要做到：满怀信心，精神饱满；沉着冷静，不慌不忙；面带微笑，彬彬有礼。要尽量使用尊敬与谦虚的语言。要使用尊称，如"尊敬的领导，您好"。

2. 面试聆听的技巧

听也是一种学问，人的思维速度是说话速度的几倍，一般情况下，说者还没说完，听者也许早就理解了。善于倾听并成为一个优秀的"听众"，是面试成功的又一个重要方面。

（1）全神贯注、用心倾听。大学生在面试时精力必须高度集中，不能分心，要做到耐心、专心。应聘者在听面试官谈话时，应当保持耐心，不能表现出不耐烦的神色，更不能东张西望。同时，应聘者应全神贯注，始终保持精神饱满的状态，专心致志地注视着面试官。

（2）尊重他人、姿势得当。无论是站着还是坐着，应聘者都要让面试官感觉到自己在注意倾听、是最优秀的听众。具体表现为，身体要稍微向前弯曲，以缩短与面试官的距离，表示对他的话有兴趣，并用各种肢体语言来回答面试官的问题，表明自己的机敏。

（3）用好眼睛、适时互动。在与面试官谈话的过程中，应聘者应聚精会神地注视对方，保持与面试官目光的接触，表示对面试官所谈内容有浓厚的兴趣。如果左顾右盼，目光飘移不定，就显得情绪不安。同时，与面试官进行互动，将自己的关注传达给面试官，让面试官知道自己在专心地听他讲，使面试官对继续讲话保持兴趣。

（4）察言观色、保持敏感性。在聆听面试官谈话时，应具备足够的敏感性。

首先，应高度关注关键的字、词，善于从面试官的话语间找出他没有表达出来的意思，即理解对方的言外之意。

其次，要注意感受面试官对自己的话是否听进去、是否对自己谈的内容感兴趣。

最后，还要细心观察面试官在谈话时的表情及姿势的变化，从而全面准确地把握面试官谈话的含义。

3. 面试应答的技巧

面试过程中，招聘方总会提出一系列的问题，正确应对和回答面试中的问题，应聘者需主要把握以下方面。

（1）把握重点，简洁明了、有理有据。一般情况下回答问题时要结论在先，议论在后，先把自己的中心意思表达清楚，然后再进行叙述和论证。否则，长篇大论会让人不得要领。而且面试时间有限，多余的话太多反而容易跑题。

（2）讲清原委，避免抽象。面试官所提问题总是想了解一些应聘者的具体情况，不要简单地仅以是或否作答。针对所提问题，有的需要解释，有的需要说明。过于抽象的回答往往不会给面试官留下具体的印象。

（3）有个人见解与特色。面试官接触的应聘者可能数量很多，相同的问题可能要问若干遍，类似的回答也要听若干遍，只有具有独到的个人见地和个人特点的回答，才会引起对方的兴趣和注意。

第三节　大学生角色转换与适应新环境

一、角色转换

根据社会心理学的角色理论，大学毕业生从学生角色到职业角色的转换，必然伴随着角色冲突、角色学习等一系列过程。因此，大学生在开始自己的职业生涯之前，应该学习一些相关的知识，对自我，尤其是对社会，对即将从事的职业进行深入细致的了解和调查分析，找出自身的不足，提高心理承受力，加强角色认知，做好上述的各项准备，顺利地实现角色转换。

（一）毕业前后的角色差异

大学生在毕业前后会面临角色差异的变化。在大学期间，他们通常是学生的身份，专注于学习和个人成长。然而，一旦大学生毕业并步入职场，他们将面临新的角色和责任。下面将对大学生毕业前后的角色差异进行详细论述。

学生角色：在大学期间，大学生的主要角色是学生。他们致力于获取知识和技能，参与学术研究、课程学习和学生活动。作为学生，他们享有一定的学习自由和时间弹性，可以探索自己的兴趣和发展方向。大学生有机会参与社团组织、学术团队、志愿者活动等，培养领导力和团队合作能力，同时发展自己的个人兴趣爱好。

职场角色：大学生毕业后，他们将从学生身份转变为职场角色。这意味着他们将进入一个新的环境，承担工作职责并履行相关职业义务。在职场中，大学生需要适应工作的规则和要求，与同事和上级进行合作和沟通，并完成分派给他们的任务。他们的工作绩效和成果将直接影响他们在职场中的表现和职业发展。

在大学生毕业后，他们将面临以下角色差异。

1. 独立性和责任感增加

独立性和责任感的增加是大学生毕业后面临的重要变化。相比于大学期间，在职场中，他们需要更多的独立性和责任感来应对各种挑战和职业要求。

（1）独立问题解决能力。大学生毕业后，他们需要独立地解决工作中遇到的问题。在大学期间，学生往往可以依赖教师、同学和指导者的支持和帮助来解决问题。然而，在职场中，他们必须独立思考和找到解决问题的方法。这包括收集信息、分析情况、制定解决方案，并在实践中验证和调整。通过独立解决问题，大学生可以展现自己的才智和创造力，并逐渐成长为自信、独立的职场人士。

（2）工作计划和时间管理。大学生毕业后，他们需要独立制订工作计划并有效管理时间。在大学期间，学生通常有规定的学习时间表和任务分配，而在职场中，他们需要自行安排工作任务和时间分配。这需要他们具备良好的时间管理能力，能够合理规划工作优先级、制订工作计划，并有效地利用时间完成任务。独立的时间管理能力可以提高工作效率，确保任务按时完成，并展示他们的责任感和可靠性。

（3）决策和权衡。毕业后，大学生将面对更多的决策和权衡。在大学期间，学生的决策范围相对较小，更多是关于学业和个人生活的决策。然而，在职场中，他们需要面对更复杂和关键的决策，涉及项目、团队和组织的利益。他们需要权衡各种因素，包括时间、资源、成本和风险等，并做出明智的决策。这要求他们具备分析问题、评估选项、预测结果和承担后果的能力。

（4）承担更多责任和压力。大学生毕业后，他们将面对更多的责任和压力。在职场中，他们不再只是为自己负责，而是需要承担更多的工作责任和任务。他们可能需要管理项目、领导团队、与客户沟通或处理重要的决策。这种责任的增加可能带来更大的压力，要求他们能够处理挑战和应对工作压力。然而，通过承担责任和管理压力，大学生可以提升自己的职业能力和成熟度，逐渐成长为职场中的有价值的人才。

总之，大学生毕业后需要更多的独立性和责任感来应对职场中的挑战。独立解决问题、制订工作计划、管理时间、做出决策和承担责任，这些要求都需要大学生逐渐适应和发展。通过培养独立性和责任感，大学生可以更好地应对职场的各种挑战，并取得职业成功。

2. 职业发展意识增强

职业发展意识的增强是大学生毕业后面临的重要变化。一旦大学生毕业并进入职场，他们开始更加关注自己的职业发展，思考职业目标、规划长期职业道路，并采取相应的行动来实现这些目标。

（1）职业目标的思考与规划。毕业后，大学生开始思考自己的职业目标，并进行相关规划。他们会认真考虑自己的兴趣、价值观、技能和优势，以确定自己希望在职业生涯中达到的目标。他们可能制定短期和长期的职业目标,并为实现这些目标而制订详细的计划和步骤。

(2)进修学位和专业认证。为了提高就业竞争力和职业能力,大学生可能会追求进修学位或专业认证。他们可能选择攻读硕士学位、博士学位或职业资格认证,以深化自己的专业知识和技能。这样的追求可以帮助他们在特定领域内取得更高的资格和专业认可,为职业发展打下坚实的基础。

(3)寻找实习机会和工作经验。意识到实践经验对职业发展的重要性,大学生毕业后会积极寻找实习机会和工作经验。通过实习,他们可以在实际工作环境中运用所学的知识和技能,并了解特定行业或职位的要求。实习经验不仅可以增加他们的简历竞争力,还提供了宝贵的机会与业界专业人士建立联系,并获得导师指导。

(4)参加培训课程和专业发展活动。为了不断提升职业能力和专业素养,大学生可能会参加培训课程和专业发展活动。这些活动可以涵盖各种主题,如领导力发展、沟通技巧、创新思维等。通过参加这些培训课程和活动,大学生可以学习新的知识和技能,拓展自己的职业视野,并与其他职业人士交流和学习。

(5)持续的职业学习和发展。意识到职业发展是一个持续的过程,大学生毕业后会积极投入到职业学习和发展中。他们会主动寻求学习机会,如参加研讨会、行业会议、讲座等,以不断更新自己的知识和了解行业趋势。此外,他们可能会阅读专业书籍和学术论文,关注行业报告和研究成果,以保持自己在特定领域的专业竞争力。

通过增强职业发展意识,大学生能够更清晰地了解自己的职业目标,并采取有针对性的行动来实现这些目标。他们会更加积极主动地寻求进修学位和专业认证,寻找实习机会和工作经验,参加培训课程和专业发展活动,并持续学习和发展自己的职业能力。这种职业发展意识的增强将有助于大学生在职场中获得更好的职业机会和成长空间,实现个人职业目标和长期职业成功。

3. 社会角色的拓展

与大学期间相比,大学生毕业后的社会角色更加拓展。他们将面对更广泛的社会网络和社会责任。他们可能需要与不同背景和经验的人合作,并在工作中展示良好的人际关系和沟通能力。此外,他们还可能承担社会责任,如参与公益活动、回馈社区等。

(1)社会网络的扩展。毕业后,大学生将进入职场,与各行各业的人士接触并合作。他们将与来自不同背景和经验的人们建立联系,包括同事、客户、供应商和业务伙伴等。通过与这些人建立积极地联系,大学生可以扩展自己的社会网络,并从中获得支持、指导和合作机会。这些社会网络不仅有助于个人职业发展,还为未来的合作和机会创造奠定基础。

（2）人际关系和沟通能力的重要性。毕业后，大学生将面临更多的人际交往和合作。他们需要与同事、上级、下属以及其他利益相关者进行有效的沟通和协作。良好的人际关系和沟通能力是成功的职业人士所必备的素质。大学生需要学会倾听他人、表达自己的观点、解决冲突、建立合作关系，并在工作中展示良好的团队合作和领导能力。通过发展这些技能，大学生可以更好地与他人合作，建立信任和互动，并取得更好的职业成果。

（3）承担社会责任。大学生毕业后，他们将有机会承担更多的社会责任。他们可以参与公益活动、志愿者服务、社区回馈等，为社会做出贡献。通过参与这些活动，大学生能够体验到社会责任的重要性，并在实践中发展自己的领导力、组织能力和社会意识。此外，承担社会责任还有助于塑造个人品牌和形象，树立良好的社会声誉，并获得社会认可和尊重。

（4）多元文化和全球视野。毕业后，大学生可能会在多元文化和跨国公司中工作，与来自不同国家和文化背景的人们进行交流和合作。他们需要展示跨文化沟通和适应能力，尊重并理解不同文化的价值观和行为准则。这种跨文化的经验可以帮助大学生开阔视野，增加对全球事务的理解和关注，并为未来的职业发展提供更广阔的机会。

总之，大学生毕业前后的角色差异是一种自然的转变。从学生到职场新人，他们需要适应新的工作环境，承担更多的责任，并不断发展自己的职业能力和素养。通过积极适应角色差异，大学生可以更好地实现自己的职业目标并迈向成功的职业生涯。

（二）角色转换的对策

角色转换是一个复杂而困难的过程，有时甚至伴随着阵痛，类似于蚕破茧而出。这个过程的成功与否取决于个体的处理方式。若能妥善处理角色转换，便能轻松地完成转变；反之，处理不当可能会导致永久性的伤害。对于大学生来说，实现角色转换需要从以下方面入手。

1. 专注于本职工作，甘于承受困难

专注于本职工作，甘于承受困难，是成功的重要因素。成功往往属于那些勤奋踏实、敢于努力的人。对于新手来说，要尽快适应工作，就必须付出比他人更多的努力。只有通过这种方式，才能充分了解工作环境，找到工作规律，并对工作有一个更加合理的认识和把握。

（1）全身心地投入。专注于本职工作意味着全身心地投入其中。这意味着将注意力集中在当前的任务上，不受其他干扰。这需要学会集中注意力、提高工作效率，并保持专注的心态。通过全身心的投入，新手能够更快地掌握工作流程和技能，并适应工作环境的要求。

（2）学习并接受挑战。专注于本职工作意味着愿意接受工作中的困难和挑战。作为新手，面对新的工作任务和环境可能会感到困惑和不确定。然而，要实现职业发展，就需要勇于面对这些挑战并主动寻找解决方案。通过不断学习和接受挑战，新手能够逐渐克服困难，提升自己的工作能力。

（3）探索和了解工作环境。专注于本职工作需要积极地探索和了解工作环境。这包括与同事和上级建立良好的工作关系，倾听他们的意见和建议，并学习他们的经验。同时，还应该积极参与团队活动和项目，了解组织的运作方式和文化。通过对工作环境的深入了解，新手能够更好地适应工作规律，为工作的顺利开展做出贡献。

（4）不断反思和提升。专注于本职工作也意味着不断反思和提升自己。新手应该定期回顾自己的工作表现，找出不足之处并提出改进的方案。同时，积极主动地参加培训课程和专业发展活动，提升自身的技能和知识水平。通过持续地反思和提升，新手能够不断完善自己的工作能力，为职业发展打下坚实的基础。

2. 摒弃架子，虚心学习

（1）摒弃架子，展现谦虚态度。摒弃架子意味着放下自我，展现出谦虚和开放的态度。对于新手来说，要承认自己的不足，并接受他人的指导和建议。虚心听取他人的意见，愿意接受新的观点和知识，这样才能拓宽自己的视野，学习到更多有价值的信息，并与周围的人建立良好的合作关系。

（2）扮演"小学生"的角色，持续学习。虚心学习需要甘愿扮演"小学生"的角色，从头开始学习，并持续不断地学习。无论是在新的工作岗位上还是在新的领域中，都要保持学习的状态。通过主动寻求知识，不断提升自己的专业能力和技能，新手能够逐渐成长并在职场中获得竞争优势。

（3）建立良好的人际关系。摒弃架子和虚心学习的态度有助于建立良好的人际关系。通过倾听他人的观点和意见，并积极与他人进行交流和合作，新手可以逐渐掌握人际交往的技巧。建立良好的人际关系不仅能够帮助新手在工作中更好地与他人合作，还有助于获得他人的支持和帮助。

（4）不断努力，追求卓越。成功需要通过艰苦的奋斗和不断的努力来实现。摒弃架子和虚心学习只是开始，新手需要持之以恒地努力工作，不断突破自己的能力极限。这意味着要接受挑战、超越舒适区，勇于面对困难和挫折，不断追求卓越。只有通过不懈的努力，新手才能实现个人的成长和职业的成功。

3. 善于观察，勤于思考

善于观察意味着敏锐地感知和注意周围的事物。作为职场的新人，应该主动观察工作环境、同事的行为和组织的运作。通过观察，新人可以获得更多的信息和洞察力，了解工作中的关键细节和潜在问题。这样，他们就能更好地应对挑战并找到解决问题的方法。

（1）勤于思考。勤于思考是对所观察到的情况进行深入思考和分析的能力。作为职场的新人，应该培养积极思考的习惯。对于工作中遇到的情况，新人应该提出自己的疑问，思考为什么会发生这样的情况，以及如何改进和解决问题。通过持续的思考，新人能够加深对工作的理解，提高问题解决能力，并逐渐培养出独立思考和判断的能力。

（2）不断发现和解决问题。善于观察和勤于思考的习惯使得新人能够不断发现问题并积极寻求解决方案。新人应该主动提出为什么的问题，探索问题的本质和原因。通过分析和研究，他们可以找到解决问题的方法，并提出切实可行的解决方案。随着时间的推移，这种能力将不断增强，使新人能够更加熟练地解决工作中遇到的各种问题。

（3）逐步提升业务水平和职业能力。通过善于观察和勤于思考，新人能够逐步提升自己的业务水平和职业能力。通过观察和思考，他们能够更好地理解工作流程和业务要求，提高工作效率和质量。同时，通过不断解决问题和应对挑战，新人能够积累经验，逐渐发展出独特的解决问题的能力和方法。逐渐地，新人将变得熟悉工作流程，并能够自信地应对各种情况。

（三）角色转换的途径

即将进入职场的毕业生最希望了解的莫过于怎样才能尽快更好地进入职业角色中。只有当顺利地从学生角色转换到职业角色中，才能真正胜任工作，开始自己的职业生涯。在这两个阶段相互交替的过程中，无论是即将毕业时的准备过程，还是刚刚进入职场的预备阶段都非常重要，这两个阶段的努力是顺利进行角色转换的必然途径。

1. 毕业前的准备

在这一阶段，应该进行自我认知，全面了解自己的需求和能力范围，以及对职业的兴趣，以便能够寻找到适合自己的工作，并为即将面临的就业做好充分的身心准备。这个阶段所涉及的问题，往往是由于缺乏清晰的心理定位和良好的心态而产生的。因此，学会自我认知、自我定位和自我调适，是毕业前的一项重要工作。

（1）自我认知。自我认知涵盖了对自身生理状况的认识，例如体型特征和心理特征，尤其是兴趣、能力、气质和性格等方面的认识。此外，还需要了解自己的人际关系，以及在集体中的位置和作用等因素。

（2）自我定位。在对自己有了清晰认知的基础上，下一步是进行心理定位。心理定位有助于毕业生明确自己的目标和需求，在职业选择过程中更客观和全面地考虑，避免出现好高骛远或不求甚解的情况。

（3）恰当和及时的自我调适。在面对就业时，毕业生经常会遇到各种困难，因此需要进行适当的自我调适。职业选择的过程中往往并非一帆风顺，可能会遇到找不到合适工作的痛苦，或者在多个优秀工作之间犹豫不决，甚至可能遭遇社会上的不公平待遇。在这些困难出现时，应及时调整自己的心态。当就业遇到困难时，不要悲观甚至绝望，要努力看到问题的另一面，积极面对；当面临决策困扰时，不要一味犹豫不决而浪费宝贵的时间和机会，要果断做出决策；当面对社会的不公平时，更不应沉湎于消极情绪，而是要学会保持开放的心态。

2. 试用期的把握

一般来说，毕业生在开始工作的最初阶段都会有一个见习或试用的时间，这个时间或长或短。虽然相对于今后长久的职业生涯来说，试用期所占有的分量并不重，但这一阶段在很大程度上决定着未来的职业生涯能否顺利。

试用期事实上就是一个学习和熟悉阶段，甚至比学生时代要学习更多的内容，其中最紧迫的就是职业学习。我们在大学期间学习的课程更多地偏重基础知识和普通技能，很多时候在进入职场后会觉得手足无措。因此，进入职场后要及时地对新的职业进行学习充电。最关键的就是学习本职业务的应用知识，尤其是如何将书本上的知识与实际结合起来。

除了专业知识，学习基本的职场礼仪和公务能力也是非常必要的。职场礼仪包括的方面非常广泛，例如站、坐、行、身体姿态及语言等。毕业生要尽快地学会一些基本的礼貌用语与举止，在单位中要懂得尊重和谦让，懂得恰当的职业着装。另外，还要学习如何说话应酬与写作这些基本的公务能力。例如，如何写工作报告，发电子公文，使用传真机和打印机等。有人力资源方面的专业人士曾说，企业不会轻易去用毕业生的原因之一就是，应届生动手操作的能力弱，传真机、打印机的使用都要手把手地教。

二、适应新环境

大学生进入职场，往往面临着适应新环境的挑战。这不仅包括专业知识和技能的适应，还包括职业态度、工作方式等多方面的适应。具体如下。

首先，从知识技能的适应来说，大学生需要将在大学期间所学的理论知识应用到实际工作中，这往往需要时间和实践的积累。大学生应积极学习新的专业知识，提高自己的专业技能，以适应职业环境的要求。同时，他们还需要培养自学能力和解决问题的能力，因为在职业生涯中，会遇到各种预料之外的挑战和问题，这需要他们具备独立解决问题的能力。

其次，从职业态度的适应来看，大学生需要树立正确的职业观念，积极面对职业生涯的挑战。他们应该理解，工作不仅仅是一份谋生的手段，更是实现自我价值的重要途径。因此，他们应以积极、认真、负责的态度面对工作，对待同事，以赢得他人的尊重和信任。

最后，从工作方式的适应来说，大学生需要适应职场的工作节奏和工作规则。在学校，他们可能习惯了较为自由、灵活的学习方式，但在职场，他们需要遵循公司的工作规定，按时完成工作任务，保持良好的工作效率。此外，他们还需要学会与他人协作，因为在职场中，团队协作能力往往比个人能力更重要。

第四节　大学生职业适应与职业发展

一、大学生职业适应

毕业生转变角色的同时，也就意味着要适应工作这一崭新的环境。很多毕业生都会在此刻踌躇甚至慌张，事实上工作环境并非很多同学担心的那样处处是陷阱、凡事皆棘手。只要做好最为基础而又最重要的方面，自然能够顺利地适应新环境，职场新人一样可以成为工作岗位上的佼佼者。

（一）职业适应的内涵阐释

职业适应是指从业者进入职业角色，享受职业角色权利，履行职业角色义务，遵守职业角色规范的发展过程。具体来讲，职业适应是一种劳动者的社会化活动，是个人社会化过程中很重要的一个环节。职业适应水平受劳动者社会化因素的影响，如劳动者预期社会化等内容。

职业适应从人和职业两个方面来看，对人而言，是指人的个性特征对其所从事职业的适宜程度；对职业活动而言，是指某一类型的职业活动的特点对人的个性特征及其发展水平的要求。每个刚踏上工作岗位的青年学生都要经历从不适应到适应的心理过程，这个过程是社会化不可跨越的必经阶段，对今后的发展与成才将产生重要影响。

（二）职业适应的主要表现

职业适应涉及许多方面，它包括从生理到心理的适应，从职业岗位到社会生活的适应。主要表现在以下五个方面：

第一，心理适应，包括观念和意识的适应，如树立竞争观念、协作观念等，也包括角色适应、认知适应、情感态度适应、意志适应、个性适应等；

第二，生理适应，包括对工作时间、劳动强度以及紧张程度的适应等；

第三，岗位适应，即对职业岗位制度、岗位规范等的适应；

第四，智能适应，即对工作岗位所需的知识、技术、能力的适应；

第五，人际关系的适应，即能处理好与同事、上级领导等方面的关系。

总之，职业适应是指个体在职业认知和职业实践的基础上，不断调整和完善自己的观念、态度、习惯和行为，以适应职业生活的变化和发展，即一个人从走入职业生涯到适应职业生活要经过职业实践、职业规范、职业环境、职业文化等的观察、认知、领悟、模仿、认同、内化等一系列的学习和实践过程。

（三）职业适应的基本技巧

1. 把握正确的职业观

认识是行动的先导。大学毕业生在职业活动中，必须树立正确的职业观。

（1）树立正确的职业待遇观。

第一，正确看待物质和精神需求的关系。

物质满足是满足生活基本需求的基础：我们需要满足食物、住房、衣物和其他生活必需品等物质方面的需求，以维持基本的生存和生活质量。物质满足提供了我们日常生活的保障，为我们提供了安全感和稳定感。然而，仅仅依靠物质满足是不够的，我们还需要关注精神层面的需求。

精神层面的需求对于幸福感和满足感同样重要：精神需求包括个人成长、自我实现、人际关系、情感交流等方面的需要。人们追求知识、追求自我价值的实现、寻找意义和目标，以及与他人建立深入的关系和情感联结等，这些都是我们内心的需求。只有满足了这些精神层面的需求，我们才能获得更高层次的幸福感和满足感。

物质和精神需求是相互关联的：尽管物质满足不能直接带来精神层面的满足，但它们之间存在一定的关系。物质条件的改善可以提供更好的生活品质和机会，为我们追求精神层面的满足提供了更好的条件。例如，良好的物质条件可以提供更多的学习和发展机会，为我们实现个人成长和自我实现提供了更好的基础。因此，我们应该努力通过诚实劳动和积极进取，改善自身的物质条件，为追求精神层面的满足创造更好的条件。

追求物质和精神需求的平衡是关键：我们不能只追求物质回报而忽视精神层面的满

足，也不能过分强调精神层面的满足而忽视物质方面的需求。我们应该将物质和精神需求视为一个整体，平衡地满足和发展两方面的需求。这意味着我们需要在追求物质满足的同时，注重培养个人的趣爱好、发展个人才能，建立良好的人际关系，并寻求个人成长和自我实现的机会。

第二，理解职业待遇的多重含义。

工作环境是职业待遇中非常重要的一个方面。一个良好的工作环境能够提供舒适和积极的工作氛围，为员工创造一个愉悦和高效的工作场所。这包括工作空间的布置和设施的便利性，团队合作的氛围及上级和同事之间的良好关系。一个良好的工作环境能够激发员工的积极性和创造力，提高工作效率，并增强工作满足感。

个人发展机会也是职业待遇中至关重要的一部分。一个优秀的职业机会提供了个人成长和职业发展的平台。这包括培训和学习机会、晋升和职业发展通道、参与挑战性项目的机会等。一个好的职业发展机会能够激励员工不断学习和提升自己的能力，实现个人职业目标，并获得成就感和满足感。

工作认可和尊重也是职业待遇中不可忽视的因素。员工希望在工作中得到他人的认可和尊重，这体现在对工作贡献的肯定、成果的认可以及给予合理的权威和自主决策的机会。当员工感受到他们的工作被重视和尊重时，他们会更加投入和满足于自己的工作。这种认可和尊重不仅是对个人的回报，也是对他们所付出努力的一种肯定。

在选择职业和工作时，我们不仅要关注物质回报，还要考虑这些方面对我们的重要性。一个仅仅关注薪水和福利待遇的职业选择可能无法满足我们对工作的全面期望。我们应该考虑工作的挑战性和成就感，这能够激发我们的动力和激情，并促使我们不断进步和成长。此外，与个人价值观的契合程度也是重要的，一个与我们的价值观相符的工作会给予我们更多的满足感和意义感。

第三，坚持诚实劳动，提升自身的物质条件。

诚实劳动意味着以诚信和勤奋的态度投入工作。我们应该以诚实守信的态度对待工作，履行我们的职责和承诺。只有通过真诚和努力的履行工作职责，我们才能获得他人的信任和尊重，从而为自己赢得更好的职业发展机会。诚实劳动还意味着不依赖欺诈或不当手段来获取物质回报，而是通过努力工作和专业能力的提升来取得成就。

通过努力工作和专业能力的提升，我们可以为自己创造更好的发展机会和晋升空间。持续地提升自己的技能和知识，参与培训和学习机会，积极参与工作中的挑战性项目，都是为了提高我们在工作中的竞争力和能力。通过不断学习和发展，我们能够展示出自己的价值和潜力，从而为自己争取更好的职位和更高的薪酬。

物质回报并不应成为我们追求的唯一目标。职业生涯中的满足感和幸福感来自我们对工作的热情和投入，以及对自己所做贡献的认可和价值的实现。我们应该关注工作的挑战性、成就感以及与个人价值观的契合程度。只有在追求工作的意义和满足感的同时，我们才能真正体验到职业生涯的价值和意义。

第四，追求精神满足与个人成长。在工作中，我们应该将自我提升和个人成长放在重要的位置上。通过持续学习和专业发展，我们能够不断拓宽自己的知识和技能，提升个人的能力和竞争力。这种自我提升不仅有助于我们在职业生涯中取得更好的成绩，还能够为未来的发展打下坚实的基础。

持续学习是实现自我提升的重要途径之一。我们可以通过参加培训课程、进修学位、参与专业认证等方式来不断深化和扩展自己的知识。学习新的理论和技术，了解行业的最新动态和趋势，能够使我们保持在职业领域的前沿，并能更好地应对挑战和变化。此外，我们还可以通过积极参与项目和任务来提升个人能力。在解决复杂问题的过程中，我们需要运用自己的知识和技能，分析和归纳信息，提出创新的解决方案。这种挑战性的工作可以激发我们的思维能力和创造力，使我们在解决问题的过程中得到成就感和满足感。

另外，帮助他人和对社会做出贡献也是实现个人成长的重要途径。通过与他人合作和提供帮助，我们不仅可以培养良好的人际关系，还可以学习倾听、沟通和团队合作的能力。同时，通过为他人解决问题和提供支持，我们能够感受到自己的价值和影响力，从而获得内心的满足感和快乐。

在工作中，追求自我提升和个人成长不仅仅是为了获得物质回报，更是为了实现我们的潜力和追求人生的意义。通过持续学习、参与挑战性的工作和为他人提供帮助，我们能够不断提高自己的专业能力和人际技巧，从而在职业生涯中取得更好的发展和成就。同时，这种自我提升也能够带来精神层面的满足和快乐，使我们在工作中获得更多的成就感和满足感。因此，我们应该始终注重自我提升和个人成长，不断追求更好的自我。

（2）树立先进的职业苦乐观。在社会主义市场经济条件下，人们的职业苦乐观可以分为三个层次，每个层次反映了个体对于工作的态度、价值观和动机。最高层次是忘我地劳动，表现为对事业的强烈追求和高度的责任感，以无私奉献为导向。中间层次是主动地劳动，意味着个体积极履行职业责任，关心集体利益，努力改善自身的职业待遇。较低层次是被动的劳动，这种态度下，个体将职业仅仅视为个人生存和财富积累的手段。为了抵御低层次的职业苦乐观，人们需要克服享乐主义思想，正确处理个人地位、待遇与乐于奉献的关系。

首先，个人应该树立正确的职业观念，意识到工作不仅仅是为了自身的利益，而是为了社会和集体的发展做出贡献。这种意识可以通过教育和宣传来培养，引导人们从社会主义核心价值观出发，明确自己在职业中的使命和责任。

其次，个体应该注重自我价值的实现和提升。通过不断学习和专业发展，个体可以提升自身的能力和竞争力，以更好地履行职业责任并获得更好的职业回报。此外，个体还应该主动关心和参与集体利益，积极参与团队合作和协作，推动整个集体的发展和进步。

再次，正确处理个人地位、待遇与乐于奉献的关系也至关重要。个体应该以公平公正的态度看待自己的地位和待遇，并努力通过自身的努力和表现来提升。同时，个体也应该乐于奉献，为集体的利益和发展做出贡献。这种乐于奉献的精神既体现了个体的职业道德，也为个人带来了内心的满足和成就感。

最后，在社会主义市场经济条件下，人们的职业苦乐观与个体的价值观、态度和动机密切相关。通过树立正确的职业观念，注重自我价值的实现和提升，以及正确处理个人地位、待遇与乐于奉献的关系，个体能够克服低层次的职业苦乐观，为自身和社会创造更大的价值，实现更高层次的职业满足和幸福感。这不仅有助于个人的成长和发展，也促进了社会的进步和繁荣。

（3）树立客观的职业地位观。所谓职业地位观是指个体对于职业地位（例如权力、工资、晋升机会、发展前景、工作条件等）的认知和态度。这种观念往往会受到个人的偏见、社会环境和舆论氛围等多种因素的影响。因此，在选择职业时，我们应该避免过于主观的判断，而要以客观的态度来看待职业的社会地位，充分认识社会和自我。

首先，职业地位观的形成与个人的价值观和生活经历密切相关。每个人都有自己独特的价值观和追求，这会影响他们对职业地位的认知和评价。有些人可能认为权力和高薪是职业地位的主要标志，而另一些人则更加注重工作的意义和社会贡献。个体的社会背景、家庭教育和职业经历也会对其职业地位观产生影响。因此，我们需要意识到个人偏见的存在，并努力以客观的眼光来评估不同职业的地位和价值。

其次，社会环境和舆论氛围对职业地位观的形成和演变具有重要影响。社会对于不同职业的评价和认可往往会影响个体对职业地位的看法。例如，某些职业可能因为社会的推崇和广泛认可而被视为高地位职业，而其他职业可能受到贬低和忽视。舆论的引导和社会的评价往往会影响个体对于不同职业地位的选择和追求。因此，我们应该保持独立思考的能力，不盲从社会的观点，而是根据自己的价值观和兴趣选择适合自己的职业路径。

（4）树立远大的职业理想。注重实现自我价值的倾向是当代大学生职业价值观的显著特点，这一趋势不应轻易被否定。在追求个人的职业价值和物质回报时，大学生们需要摆脱狭隘观念，不仅仅将就业看作挣钱养家的手段，而是应该在社会和国家需求的框架内找到自身的定位。

首先，我们应该认识到实现自我价值并不仅仅是个人知识和智力的表现。自我价值是一个更为广泛和综合的概念，涵盖了个人的专业素养、人格品质、社会责任感以及对社会发展的贡献等方面。在追求个人职业发展的同时，大学生应该注重自身的品德修养和道德素质的提升，发扬崇高的理想和信念，以更好地发挥自己的才智。

其次，大学生应该在社会、国家需要的坐标中寻找自己的位置。职业发展不应仅仅关注个人的利益，而应考虑到社会和国家的需求。在选择职业和追求个人价值时，大学生们应该认识到自己所从事的职业对社会和国家的重要性，关注社会的发展方向和挑战，积极参与解决社会问题，为社会做出贡献。通过与社会需求的契合，大学生能够更好地实现自身的职业价值，并为社会进步和繁荣贡献力量。

2. 加强自我职业生涯管理

大学生毕业进入职场，职业生涯正式开始。管理好自己的职业生涯，对职业发展是很重要的。

（1）熟悉工作环境，形成良好形象。第一次交往所形成的印象对人的态度会产生深远而持久的影响。因此，大学生在进入新的组织时，应该注意以下问题。

第一，适当讲究着装，给人干练、利落的印象。穿着不一定名贵，只要干净、得体、大方，既不过分地打扮，也不能过于邋遢。总之，干练、利落的新员工是受大家欢迎的。

第二，有时间观念。现代人讲究时间观念，不守时常常被视为不敬业、不礼貌、不可靠的行为。

第三，尽快熟悉工作，明确岗位责任，争取出色地完成第一项工作。初到工作岗位，主要问题是缺乏工作经验。因此，如果遇到困难，不妨自己先考虑考虑，厘清思路，看看从哪里着手，能自己做的自己做，实在解决不了的困难找同事或上司请教。争取出色地完成第一项工作，给同事、领导留下好印象

第四，积极利用非工作时间熟悉工作环境。在工作时间，许多人的行为和态度受工作情境的制约，不能表现出个人的所有特点；但在非工作时间，限制较少，人们的言谈举止往往比较随意，比较真实，是了解工作环境、认识同事的好机会。

第五，经常记录、总结得失，不断改善工作质量。在工作中，有成功的喜悦，也有失败的烦恼。成功了，要总结经验；失败了，要吸取教训。工作中常见的问题要记录；与服务对象之间的不愉快也要留心分析，找出原因所在，以便今后改正。

（2）知己知彼，百战不殆。熟悉企业文化、制度、发展策略等，这是新员工的必修课。熟悉了企业的文化和制度，就能够尽快融入集体，适应环境。对企业文化、制度的认

识，可以通过和老员工交谈，也可以通过自己的亲身体验和观察，还可以通过会议、阅读单位的相关资料而获得。如果个人的价值观与组织文化一致，而且组织的管理也很规范，这样的单位就可以作为自己长期工作的单位，制定长期的职业生涯发展规划。

（3）尽早定向，少走弯路。综观职业成功人士，大多数是弯路走得比较少的人。人生的美好时光如果都在反复地摸索中度过，尽管能丰富生活阅历，但离成就目标就远了。最好是根据单位提供的机会，以专业为依托，学习相关岗位的知识技能，以寻求最大的发展空间。学技术的人，结合技术从事营销工作者大有人在，比如原来学习电子工程的，后来从事电子产品的销售，或从事电子产品生产的管理。如果要从事对外服务及管理工作，则应该熟悉一些营销、管理方面的知识，积累相关的经验。所以说，从事什么职业与专业有联系，但不是一一对应，职业的需要往往比专业更广泛，要利用自己专业外的优势，选择努力的方向。如果自己一时拿不定主意，可以进行一些尝试，也可以向有经验的人咨询，还可以从社会上相关的就业指导机构获得帮助，指导自己选择职业生涯目标。年轻时所走的弯路越少，人的社会成就可能越高。

（4）善于观察，处理好人际关系。初入职场一切都是陌生的。但人是社会的人，常常要与工作环境周围的人交往、合作，尽快地适应交往对象，并融入群体之中，对打开工作局面十分重要。如果处理不好人际关系，不但影响工作，也影响情绪。另外，要特别注意与上司之间的关系，因为上司通常是代表组织行事，他们占有相对多的资源，对个人成长有十分重要的影响。

（5）脚踏实地，从小事做起。大学生初到工作岗位时，容易对自己的职业有一些不切实际的幻想。因此，新员工应该认真对待分配给自己的工作，这样才能给人留下踏实肯干的印象，有重要工作时，别人才能放心地分配给自己，从而获得更多发展的机会。

3. 建立和谐的人际关系

（1）建立人际关系的必要性。在社会生活和工作环境中，人际关系是很重要的，没有良好的人际关系，便无法在社会上立足。对于刚刚走上工作岗位的大学生来说，建立和谐的人际关系的意义如下。

第一，消除孤独和陌生感。对于刚刚从校园步入社会的大学生来说，他们往往需要面临与学校生活截然不同的新的生活和工作环境。在这一过程中，他们需要离开熟悉的家乡，远离亲朋好友，独自走进一个未知的世界。在这个全新的环境中，陌生感与孤独感常常会像影子一样陪伴在他们身边，令他们感到不安和困扰。这是一个挑战，但也是他们成长过程中必须经历的阶段。

然而，如果大学生能在一开始就主动去寻找并建立起与新同事的良好的人际关系，用诚恳热情的态度去对待周围的人，尽快与他们融为一体，那么这种孤独感和陌生感就可以得到有效的缓解。他们可以通过积极的交流和互动，了解新环境，适应新角色，克服陌生感与孤独感。

建立良好的人际关系不仅能帮助他们更快地适应新环境，而且还能让他们更快地熟悉工作，为未来的职业生涯打下坚实的基础。一方面，他们可以通过与同事的交往，了解职场规则，掌握工作技能，提升个人能力；另一方面，良好的人际关系也能为他们提供必要的工作支持，比如在遇到问题时，同事的帮助和建议往往能使他们避免走弯路，更快地解决问题。

总的来说，对于初入职场的大学生来说，建立良好的人际关系是他们适应新环境、快速成长的重要途径。而这一切，都需要他们用诚恳热情的态度去对待周围的人，主动去寻找并建立起良好的人际关系，这样，他们就能更快地适应新环境，熟悉工作，为未来的生活和工作打下良好的基础。

第二，保持心情愉快。在职场环境中，大学生新晋员工常常会遇到多种挑战。例如，他们可能会因为对新工作的不熟悉和不适应而感到焦虑和困扰，或者由于工作任务的繁重和生活压力的增大而感到压力过大。此外，如何建立和处理与同事的人际关系也是他们经常需要面对的一个难题。这些问题往往会导致他们的心情不佳，甚至影响他们的工作表现和生活质量。

然而，通过建立和维护良好的人际关系，大学生可以有效地改善这种状况。良好的人际关系能够帮助他们消除心中的隔阂，增进对同事和工作的理解，这不仅有利于改善工作和生活的氛围，还可以提高他们的工作效率。在与人建立关系的过程中，他们可以了解到更多的观点和方法，这对他们的个人成长也有很大的帮助。更重要的是，保持愉快的心情有利于促进身心健康，使他们在工作和生活中都能保持高昂的热情和活力。心情愉快可以提高他们的工作效率，增强他们面对困难的决心和信心，使他们在工作中能够表现出更高的主动性和创造性。同时，良好的心情也有助于他们在生活中保持乐观和积极，享受生活的乐趣，充实自我。

因此，对于初入职场的大学生来说，建立和维护良好的人际关系不仅是他们适应职场生活的重要方式，也是他们保持愉快心情、提高工作效率的关键因素。这需要他们用诚挚、开放的态度去对待他人，积极面对职场中的挑战，始终保持乐观和积极的心态，以更好地投入到工作和生活中。

第三，确保工作顺心。在职场环境中，和谐的人际关系无疑是提高工作效率和满足感的重要因素。它可以帮助构建一个积极、支持性的工作氛围，使大学生在此类环境中更愿意主动参与工作，感到工作顺利，以及在生活中感到满足。这主要是因为，良好的人际关系能够为他们提供一种感觉，即他们并不是独自面对困难和挑战，而是有一支团队在他们身后支持他们。

在遇到工作中的困难或失误时，同事们的理解、支持和帮助会为初入职场的大学生提供巨大的安慰。同事们的指导和建议可以帮助他们找到解决问题的方法，避免在同样的问题上反复犯错误。同时，同事们的鼓励和肯定也可以帮助他们重建信心，恢复到正常的工作状态。

在生活中遇到挫折时，朋友和同事的陪伴和支持同样至关重要。他们的温暖和友谊能帮助大学生在困境中找到力量，鼓励他们坚持下去。这种感觉，使他们并不孤独，总有人愿意倾听他们的苦恼，支持他们的决定，是他们在生活中能够保持乐观和坚韧的重要原因。

良好的人际关系还有助于他们在取得工作成绩时保持谦逊和谨慎。同事们的善意提醒和建议可以帮助他们保持清醒的头脑，意识到他们的成就是团队工作的结果，而非个人的成功。这会使他们意识到，自己还有许多需要学习和改进的地方，需要持续努力，以达到更高的工作标准。

第四，增进团结友谊。人际关系在团队协作中起着至关重要的作用，它是团结和协作的基础。这对于初入职场的大学生来说尤为重要，因为他们往往需要在一个全新的团队环境中寻找自我定位，并与同事共同协作以达成共同的工作目标。

在一个人际关系良好的团队中，成员们通常会更加团结协作，一心一意地致力于实现共同的目标。这是因为，良好的人际关系能够提供一个友善、理解和支持的环境，使团队成员能够相互信任，彼此尊重，更愿意与他人共享信息和资源，以共同解决问题和克服挑战。在这种环境中，每个团队成员都能够感到自己是团队的一部分，他们的意见和努力被看重和尊重，从而更愿意为团队的目标付出努力。

因此，对于大学生来说，建立和维护良好的人际关系不仅有利于他们个人的职业发展，更有利于整个团队的和谐和效率。他们应该努力提升自己的人际交往技巧，展现出开放、友善和合作的态度，以促进团队内的信任和尊重，从而帮助团队更好地实现共同的目标。通过这种方式，他们不仅可以在职场中取得成功，还可以为社会和他人创造更多的价值。

（2）建立人际关系的技巧。人际关系是职业生涯中一个非常重要的课题，特别是对大公司企业的职业人士来说，良好的人际关系是舒心工作、安心生活的必要条件。如今的毕业生，绝大部分是独生子女，刚从学校里出来，自我意识较强，来到社会错综复杂的大环境里，更应在人际关系中调整好自己的坐标。以下是职场处理人际关系的基本原则。

第一，对上级。对上级管理者的态度应以尊重并适当调适为原则。所有的上级（包括部门主管、项目经理、管理代表等）能够达到他们当前的职位，必然具备了一些超越常人的特质。他们在工作经验的积累和社交策略的运用上，无疑都是值得我们学习和借鉴的。在这个过程中，我们应当尊重他们过去的杰出表现和业绩。然而，每一个上级都不可能是完美的。在工作过程中，盲从并不是必需的，但我们应记住，提供反馈和建议只是我们工作职责的一部分，而更重要的是我们尽力去完善、改进和提升自己的工作层次。要让上级接纳我们的观点，我们需要在尊重的基础上，有理有节、得体地进行适当的沟通和磨合。在此之前，我们需要准备充分、具有说服力的资料和计划。

第二，对待同事。对待同事我们应该展现出更多的理解和谨慎的支持。在职场中，与同事共事的时间长了，我们对彼此的兴趣、爱好和生活状况都会有一定的了解。我们没有理由期待他人为我们付出全力。在遇到误解和争议时，我们需要换位思考，理解他人的处境，并避免过于情绪化地将他人的隐私公之于众。对他人的议论和指责，最终只会损害我们自身的形象，并引来他人的反感。我们需要对工作保持热情，对待同事则应选择谨慎的支持。支持意味着接受他人的观点和思想，而无限的支持则可能导致盲从，并可能引发团体的分裂，进而影响公司决策层对我们的信任。

第三，对于下属。对于下属我们应更多地提供帮助和倾听。在工作生活中，尽管我们在职位上有所差别，但在人格尊严上，我们是平等的。在下属面前，我们只是一个领导者，我们并无任何值得炫耀的特权和优越感。帮助下属实际上就是帮助自己，因为员工的积极性提高，工作效果就会更好，这也将增加他人对我们的尊重，并塑造我们开明的形象。而倾听能使我们更深入地了解下属的心境和工作情况，为我们准确地反馈信息、调整管理方式提供了有效的依据。

第四，对待竞争对手。面对竞争对手，我们应保持友善和宽容的态度。在工作生活中，我们无时无刻不在与竞争对手较量。对待竞争者，我们无须刻意防备或背后攻击他人，这种做法只会加剧彼此的隔阂，造成紧张的气氛，对工作无疑是没有任何帮助的。无论竞争对手如何令我们感到困扰，我们都不应与其争斗，而应保持冷静，专心做好手头的工作。充满开放和宽容的微笑，能帮我们保持良好的心态，并可能赢得对手的尊重和认可。

二、大学生职业发展

大学生的职业发展是一个极为重要的主题，涉及教育、就业、职业选择、职业规划、能力提升和职业生涯发展等多个领域。接下来，我们将从以下方面来详细探讨大学生的职业发展。

第一，大学生职业发展的重要性。当今社会，大学生应该成为学科知识、技能和专业素质的结合体，这需要教育的全面引导和深入推动。大学教育不仅应该提供知识和技能的训练，也应该引导学生形成正确的价值观和人生观，帮助他们了解职业的真谛，为未来的职业发展铺平道路。在大学期间，学生应该明确自己的专业方向，了解这个方向的就业形势和职业发展路径，这对大学生选择职业、定位职业有着重要的影响。

第二，大学生就业。就业是大学生职业发展的首个阶段，是他们实践所学知识、技能，体验职业生活，确定职业道路的重要时期。对大学生来说，应该根据自己的兴趣和特长，结合社会需求和就业形势，选择合适的工作岗位。在选择职业的过程中，大学生不仅要考虑自己的专业背景，也要考虑工作的内容、环境、待遇和晋升机会等多个因素。同时，大学生应积极培养自己的职业素养和职业技能，提高自己的就业竞争力。

第三，职业选择和职业规划。职业选择是大学生职业发展的关键一步，对他们的整个职业生涯有着深远的影响。大学生在选择职业时，不仅要结合自己的专业背景和个人兴趣，也要考虑职业的前景和发展空间。同时，他们还需要制定出明确的职业规划，明确自己的职业目标和发展路径，设定合理的职业期望，为未来的职业发展做好充分的准备。

第四，大学生能力提升。在职业发展的过程中，能力的提升是必不可少的。这包括专业技能的提升、人际交往能力的提升、领导力的提升、创新能力的提升等。大学生应积极参加各种实践活动，提升自己的实践能力和工作能力。同时，他们还需要不断学习新的知识和技能，提升自己的专业素养和职业素质，以应对日新月异的职业环境和激烈的职业竞争。

第五，大学生职业生涯发展。职业生涯发展是一个长期的过程，涉及职业的选择、适应、提升和转变等多个阶段。对大学生来说，他们需要了解自己的职业兴趣和职业能力，确定自己的职业目标，然后制订出实现职业目标的策略和计划。在职业生涯发展的过程中，大学生需要不断适应职业环境的变化，提升自己的职业素质和职业能力，实现职业的提升和转变。

总的来说，大学生的职业发展需要从教育、就业、职业选择、职业规划、能力提升和职业生涯发展等多个角度来考虑。他们需要结合自己的专业背景和个人兴趣，考虑职业的前景和发展空间，制定出明确的职业规划和发展路径，积极提升自己的职业素质和职业能力，适应职业环境的变化，实现职业的提升和转变。只有这样，大学生才能在职业发展的道路上走得更远，走得更稳。

第七章 大学生就业政策制度与权益保障

第一节 大学生就业形势与就业政策

随着我国国民经济的不断增加与社会的快速发展，社会对于人才的需求逐步加大，进而我们国家也不断重视教育事业的发展与人才的培养。国家为规范大学生就业行为，确保就业工作的有序进行，制定了一系列的制度、政策，并随着我国经济社会体制的改革而不断调整完善。

大学生就业制度经历了不同的历史发展阶段，从20世纪90年代开始，为适应我国社会主义市场经济体制建立的需要，双向选择，自主择业的就业制度得到确立并不断完善，有力促进了大学生的顺利就业。但是，当前我国大学生就业形势依然比较严峻，面对激烈的就业竞争形势，作为即将毕业的大学生，了解并利用好国家的就业制度和政策，知晓就业工作的运作机制，正确分析当前的就业形势，才能少走弯路，实现成功就业。

一、大学生就业形势

临近毕业，大学生面对就业、考研、创业、出国等，有的人显得从容不迫，有的人显得忐忑不安，有的人则是摇摆不定，不知道前途方向如何选择，这就需要对当前的就业形势进行评估判断。目前，随着我国"一带一路"、中国制造2025、互联网+等国家重大战略稳步实施，我国经济形势不断好转，产业结构不断优化，新模式、新业态不断涌现，大学生就业过程中挑战与机遇并存。

（一）大学生就业面临的困难

1. 经济增速放缓，拉动效应减弱

当前我国所处的经济增长进入换挡期、结构调整面临阵痛期、前期刺激政策处于消化期的"三期"叠加的经济发展新阶段，经济增速将逐步由高速回调至中高速增长平台，这

种增速的放缓必然会给就业增长带来一定的压力，对劳动者就业产生影响。经济发展速度的放缓和结构的调整，客观上会对劳动者就业结构产生影响，同时也会对就业总体规模产生挤压效应，尤其是传统支柱产业企业改革的重组加快、淘汰落后产能、部分行业持续低迷及产能过剩造成结构性失业和转型性失业，就业难度加大。另外，全球经济复苏仍然乏力，增长动力不足，经济全球化遇到波折，贸易和投资低迷，全球性挑战加剧世界经济不确定性。新兴经济体面临着经济结构调整、出口下滑等问题，世界经济艰难复苏，影响着出口型经济及就业的发展。

2. 就业结构性矛盾愈加突出

（1）从产业上看，吸纳就业最多的服务业在我国产业结构中所占比例较低，吸纳就业最多的是一些低端的行业，很多岗位由于待遇太低，又很难招到劳动者。

（2）从就业市场建设看，就业市场不统一，体制内劳动力市场与体制外劳动力市场的分化一直很严重，由于体制内劳动力市场的不完全竞争性，其就业机会质量更优，也对体制外劳动力市场的健康运行形成一种干扰。这些年高校毕业生每年都增加许多人，他们都很向往体制内的岗位，而体制内的岗位又十分有限，形成一种结构性矛盾。

（3）从区域经济发展看，在我国沿海地区企业多、机会多、薪酬高、文化氛围浓，成为毕业生首选的理想就业地。而中西部等经济欠发达、条件较艰苦的地区人才奇缺，大城市的一些边远郊区、县、乡镇一级的民营企业、事业单位的人才需求也远未饱和，地域经济发展不平衡导致人才扎堆现象。

因此，推动实现更高质量的就业，必须坚持科学发展，在发展的基础上创造更加充分、更高质量的就业机会，在转变经济发展方式、调整经济结构的同时不断优化就业结构，不断提高劳动者整体素质，不断提高劳动者收入水平和就业保障水平。

3. 专业设置方向与社会需求的矛盾

高校在规划自身发展时，存在令人担忧的专业及课程设置盲目的现象，具体表现在高校设置专业的扎堆现象严重，很多高校为了追求综合发展，纷纷专注在热门专业上，短时期内开设近乎相同的专业，这样造成某个专业的学生在短期内严重供大于求，致使这些专业的毕业生就业难度加大。一些学校还没有摆脱应试教育的方式，仍然以培养理论型人才为目标，对学生的创新能力、实践能力的培养不够重视，导致很多学生到了工作岗位处处碰壁，不能胜任自己的工作。

4. 毕业生数量增加，就业竞争激烈

随着连续多年高校扩招，高等教育已从精英教育转变为大众教育，全国普通高校毕业生人数逐年增加，令就业竞争更趋激烈，导致高校毕业生就业市场由"卖方市场"走向"买方市场"，即大学生与社会需求之间的关系由供不应求转为供需平衡，甚至供大于求。因此，在当前经济条件下，大学毕业生与其他社会人员"同台竞争"的现象已屡见不鲜。

5. 就业观念的滞后，影响充分就业

当前，部分毕业生择业观念存在偏差，从而就业期望值与社会需求差距较大。一方面县级以下中小企业急需人才；另一方面部分毕业生不愿去第一线、去基层，有业不就的错位现象依然存在，毕业生的基层意识和创业意识有待加强。

目前，在大学生群体当中，待定族（处于失业状态且不打算求职和求学的大学毕业生）和慢就业（毕业后不急于就业）的现象则越来越突出。待定族中既有对未来是有所计划的（准备创业、准备公务员考试、参加技能培训等），也包括不急于就业而去增加阅历的群体。在慢就业群体中，有的学生是理性就业，慢慢考虑人生道路；有的则是逃避就业压力；或者对前途一片茫然。

学生自身不注重综合素质的提高，找工作时由于自身能力不足，导致在就业市场上屡战屡败；部分学生经过高中的艰苦奋战，到大学后不再严格要求自己，导致专业知识欠缺；很多毕业生不注重知识的积累，解决实际问题的能力差，达不到完成工作的基本要求；不少大学生缺乏求职技能，语言表达能力差，在应聘场合不能很好地展示自己；有的大学生就业定位不明确，就业观念和价值取向与现实脱节，这些都导致了大学毕业生就业失败。

（二）大学生就业面临的机遇

1. 国家高度重视大学生就业创业

高校毕业生是国家宝贵的人才资源，我国坚持实施更加积极的就业政策，突出抓好高校毕业生、就业困难人员等重点群体就业，把高校毕业生就业摆在就业工作的首位。国家鼓励毕业生到乡镇特别是经济发展落后乡镇的企事业单位工作，促进高校毕业生多渠道就业。目前，全国已初步形成了党委统一领导、政府统筹协调、部门密切配合、社会各界大力支持的良好格局，高校毕业生就业工作日益成为涉及全局的重要工作。

2. 高校重视大学生综合素质培养

各高校积极推进就业一把手工程，高校一把手对本校毕业生就业工作负总责，关于就业工作，无论是在硬件投入还是在软件建设方面都取得了突破性进展。"科学定义大学生就业竞争力的内涵、准确评估其影响因素，进而有效提升大学生就业竞争力，是高校促进大学生充分就业、落实立德树人根本任务的必然要求。"①

各高校越来越重视学生创新创业能力、实践能力、就业技能等综合素质的培养，提升学生的就业竞争力；并通过实施教学改革，建立适应社会经济发展和专业体系构成需要的新专业，实行弹性学制，鼓励大学生创新创业，积极引导学生参与社会实践；积极搭建校外实习平台，提高学生的职场适应能力；加强就业指导，充分利用互联网+就业新模式，准确掌握毕业生求职意愿和用人单位岗位需求信息，实现人岗精准对接，搭建高效的就业指导服务体系。高校一把手工程的实施，从制度和机制上保证了高校毕业生就业工作的顺利进行，有力地推动了高校办学理念的转变和教学改革的发展。

二、大学生就业政策

大学生就业政策，是指国家在一定的历史条件和历史阶段下，为解决大学生就业与社会需求间的矛盾，正确引导大学生就业，从而为大学生创造良好就业环境、增加就业机会，维护大学生和用人单位的合法权益所制定的指导方针和行为准则的总和。因此，掌握就业的方针和政策是大学生顺利就业的前提条件。

（一）鼓励各企事业单位聘用高校毕业生

政府有关部门要为各类企事业单位提供便利的条件和相应服务。对企业跨地区聘用的高校毕业生，省会及省会以下城市取消了落户限制，应届毕业生凭《普通高等学校毕业证书》《全国普通高等学校本专科毕业生就业报到证》与用人单位签订的《就业协议书》或劳动（聘用）合同办理落户手续；非应届毕业生凭与用人单位签订的劳动（聘用）合同和《普通高等学校毕业证书》办理落户手续即可。高校毕业生到小型、微型企业就业、自主创业的，其档案可由当地市、县一级的公共就业人才服务机构免费保管。办理高校毕业生档案转递手续，转正定级表、调整改派手续不再作为接收审核档案的必备材料。

（二）鼓励高校毕业生到社区与基层工作

各级政府积极为高校毕业生创造工作条件，引导鼓励毕业生到城市社区和农村乡镇基层单位就业，从事教育、卫生、公安、农技、扶贫和其他社会公益事业。在艰苦地区工作2年或2年以上者，报考研究生的，应优先予以推荐、录取；报考党政机关和应聘国有企

---

①　尹兆华. 新时代大学生就业竞争力的影响因素及提升研究［J］. 北京科技大学学报（社会科学版），2023，39（2）：174.

事业单位的，同等条件下，应优先录用。近年来，中央各有关部门主要组织实施了5个引导高校毕业生到基层就业的专门项目，分别是大学生志愿服务西部计划、农村义务教育阶段学校教师特设岗位计划、农业技术推广服务特设岗位计划、选聘高校毕业生到村任职工作、三支一扶（支教、支农、支医和扶贫）计划。

（三）鼓励大学生应征入伍

根据国家有关规定批准设立、实施高等学历教育的全日制公办普通高等学校、民办普通高等学校和独立学院，按照国家招生规定录取的全日制普通本科、专科（含高职）、研究生、第二学士学位的应（往）届毕业生、在校生和已被普通高校录取但未报到入学的学生都可报名应征入伍，可以享受学费补偿、国家助学贷款代偿及学费减免等优惠政策。

（四）支持高校毕业生到国际组织实习任职

国际组织是具有国际性行为特征的组织，是两个或两个以上国家（或其他国际法主体）为实现共同的政治经济目的，依据其缔结的条约或其他正式法律文件建立的有一定规章制度的常设性机构。国际组织分为政府间组织和非政府间组织。政府间的国际组织有联合国、欧洲联盟、世界贸易组织等；非政府间的国际组织有国际奥委会、国际红十字会等。国家对高校毕业生到国际组织实习任职提供以下指导服务：

第一，提供高校毕业生国际组织实习任职服务平台，为毕业生到国际组织实习任职和参加志愿活动等，提供信息、咨询、培训等服务；

第二，鼓励有条件的高校结合国际组织人才需求，开展培养推送高校毕业生到国际组织实习任职工作，将国际组织基本情况、招聘要求、职业发展路径等内容，纳入大学生就业指导教材和课程；

第三，国家留学基金管理委员会从全国优秀应届毕业生中选派实习生，前往联合国教科文组织、国际民航组织及国际电信联盟进行实习，为期3~12个月，并可提供奖学金资助。

（五）鼓励支持高校毕业生开展自主创业

近年来，国家大力支持大学生创新创业，要求高校建立符合创新创业教育的人才培养体系，激发学生的创业热情，做好相关大学生创业配套工作。积极鼓励高校开展创业教育和实践活动，建立创新创业学分积累与转换制度，探索将学生开展创新实验、发表论文、获得专利和自主创业等情况折算为学分，将学生参与课题研究、项目实验等活动认定为课堂学习；对高校毕业生从事个体经营并符合条件的，免收行政事业性收费；强化高校毕业生创业指导服务，提供政策咨询、项目开发、创业培训、创业孵化、开业指导、跟踪辅导的服务，建立地方、高校两级信息服务平台，为学生实时提供国家政策、市场动向等信息，并做好创业项目对接、知识产权交易等服务；鼓励各地建设完善一批投资小、见效快的大学生创业园和创业孵化基地，并给予享受社会保险补贴等相关优惠政策。

（六）提供就业指导与就业援助各项服务

1. 开展就业指导服务

充分发挥市场配置资源的作用，强化公共就业服务体系的功能，人力资源和社会保障部门、教育部门及高校之间加强协作，为高校毕业生免费提供政策咨询、就业信息、职业指导、职业介绍、就业援助、就业与失业登记或求职登记等各项公共服务，按规定为登记失业高校毕业生免费提供人事档案管理等服务。此外，还定期开展面向高校毕业生的公共就业和人才服务专项活动。比如，每年5月的民营企业招聘周，每年9月的高校毕业生就业服务月，每年11月的高校毕业生就业服务周等，为高校毕业生和用人单位搭建供需对接平台。高校强化对大学生的就业指导，为毕业生提供就业咨询、用人单位招聘及实习实训信息、求职技巧培训、职业生涯辅导、毕业生推荐、实习实践能力提升和就业手续办理等多项就业指导和服务。

2. 完善就业援助制度

各级机关考录公务员、事业单位招聘工作人员时，免收困难家庭高校毕业生的报名费和体检费。为帮助困难家庭的高校毕业生求职就业，高校一般都会安排经费作为困难家庭毕业生的求职补助，或对已成功就业的困难家庭毕业生给予奖励。近年来，对享受城乡居民最低生活保障家庭、获得国家助学贷款的毕业年度内高校毕业生，可给予一次性求职创业补贴，补贴标准由各省级财政、人力资源和社会保障部门会同有关部门根据当地实际制定，所需资金按规定列入就业专项资金支出范围。

3. 帮扶离校未就业毕业生

对离校后未就业的毕业生，要求免费提供政策咨询、职业指导、职业介绍和人事档案托管等服务，并组织参加就业见习、职业技能培训等促进就业的活动。对登记失业的高校毕业生，纳入当地失业人员扶持政策体系。对于就业困难的高校毕业生和零就业家庭的高校毕业生，实施一对一职业指导，向用人单位重点推荐、公益性岗位安置等帮扶措施。

第二节　大学生就业权利与就业义务

近年来，高校毕业生的人数逐年增加，大学毕业生就业形势日益严峻，在高就业压力下，其权益受侵害的问题日益突出。因此，大学毕业生只有熟悉法律法规和就业政策，正确了解和运用就业权益知识，才能完成从"象牙塔"到社会的完美过渡，才能更好地保护自己的就业权益并履行自己的就业义务。

一、大学生的就业权利

所谓权利是法律赋予公民作为或不作为的许可、认定及保障，与义务相对应。根据《中华人民共和国宪法》《中华人民共和国劳动法》（以下简称《劳动法》）《中华人民共和国高等教育法》《普通高校毕业生就业工作暂行规定》等的规定，大学毕业生在就业过程中享有多方面的权利。

（一）就业指导权

对于学生而言，学生有权从学校获得就业指导；对于学校而言，学校应该成立专门的就业指导部门，安排专业教师对学生进行就业指导。这些指导包括宣传国家关于毕业生就业方面的方针、政策；开设就业指导课程对学生进行就业技巧的指导；引导学生根据社会和个人需求，准确定位，科学合理就业。当然，随着学生就业工作规范化、市场化发展，市场上已经出现专业的就业指导机构，未来学生的就业指导可能会由学校指导转为市场化运营指导。

（二）获取信息权

毕业生就业的前提和基础就是及时获取就业信息，只有充分占有就业信息，毕业生才能根据自身情况寻找适合自己的企业，从而成功就业。信息权包括以下三个方面的含义。

第一，信息公开，指的是所有用人信息必须向所有毕业生公开，不允许隐瞒、截留信息，亦不允许只将信息留给个别学生。

第二，信息及时，指的是学生获取的信息必须是及时、有效的，不允许将过时的、无效的、无利用价值的信息传递给学生。

第三，信息全面，指的是学生有权获得准确而全面的就业信息，以便对用人单位进行全面的了解和考察，从而根据个人情况做出合理选择。

（三）被推荐权

学校在就业工作中的一个重要职责就是向用人单位推荐学生，而学生有权获得学校的如实推荐。对于用人单位来说，学校的推荐会很大程度上影响用人单位对学生的取舍，因此，学生了解被推荐权非常必要。被推荐权包括以下三个方面的内容。

第一，如实推荐，即学校在对毕业生进行推荐时，应该实事求是，不夸大其词，不故意贬低或随意抬高，根据学生的实际情况向用人单位进行推荐。

第二，公正推荐，即学校在对毕业生进行推荐时应该公正、公平，保证每个学生都有被推荐的机会。

第三，择优推荐，即学校在对毕业生进行推荐时，应该根据学生在校期间的日常表现，择优推荐。学生在就业过程中取胜的关键是靠个人综合素质能力，而用人单位录用学生的标准亦是择优录用。

（四）知情权

毕业生在与用人单位签订协议前，有权了解用人单位的基本情况，包括生产经营的情况、工作环境、生活条件、工资待遇等情况，以及用人单位的规模、地点和拟安排工作的岗位等情况。

（五）选择权

根据国家有关规定，实行招生并轨改革的毕业生在符合国家就业方针、政策的条件下，享有自主选择用人单位的权利，其他任何单位和个人不得干涉。换言之，毕业生可以根据自己的兴趣爱好、个人能力去选择自己喜欢的职业。学校、家长可以对学生就业提供建议和意见，但不能将个人意志强加给学生，强迫学生到某单位工作是侵犯学生选择权的行为。

（六）平等待遇权

用人单位招录毕业生，应坚持公开、公平、公正的原则，在招录过程中性别歧视、样貌歧视、学历歧视、身高歧视等都是对毕业生平等待遇权的侵犯。《劳动法》规定，劳动者就业，不因民族、种族、性别、宗教信仰不同而受歧视，妇女享有与男子平等的就业权利。

目前，毕业生的平等待遇权受侵犯的情况仍然普遍存在。女大学生在就业时经常会碰到隐性侵犯平等待遇权的情况，比如很多用人单位虽然不愿意招录女职工，但碍于法律的强制性规定在用人条件中性别一项写明"男女不限"，却在录用职工时以面试不合格或不符合录用条件等理由拒绝录用女大学生。

（七）休息休假权

休息休假是指劳动者在国家规定的法定工作时间外自行支配的时间，比如劳动者享有法定节假日休假、年休假、探亲假等权利。休息休假不仅可以恢复体力、缓解疲劳，还可以提高劳动者的工作积极性。假如用人单位安排劳动者在正常工作时间外加班的，用人单位应当支付劳动者加班的工资报酬。

（八）劳动报酬权

劳动者按照用人单位的要求付出体力或脑力劳动后，就有权获得劳动报酬。劳动报酬既是劳动者及其家人的生活保障，又是劳动者社会价值的体现。劳动报酬包括货币工资、实物报酬、社会保险三种基本类型。

（九）享受社会保险待遇

《劳动法》规定，用人单位和劳动者必须依法参加社会保险，缴纳社会保险费。因此，劳动者入职后，用人单位应当为劳动者缴纳法定的社会保险。但有的用人单位为了节约成本，在劳动者入职1~2年后才开始缴纳社会保险，有的甚至在劳动合同中加入免除缴纳社会保险的义务条款。这些行为都是违法的。

（十）违约及求偿权

毕业生就业协议是在用人单位、毕业生、学校三方合意的基础上订立的，任何一方不得擅自毁约或违约。大学生与用人单位签订协议后，如用人单位无故解除合约，毕业生有权要求对方继续履行合同，否则用人单位应对毕业生承担违约责任，支付违约金及补偿金。当然，毕业生违约也同样需要承担违约责任。

二、大学生的就业义务

第一，服从国家需要的义务。大学生在毕业时有择业自主权，但同时大学生也有服从国家需要的义务。中国梦的实现任重道远，需要几代人长时间的努力。作为青年大学生要从国家的需要、社会的需要出发，到西部等欠发达地区贡献自己的一分力量。

第二，向用人单位如实介绍个人情况的义务。毕业生在向用人单位进行自我推荐时，有义务全面地、实事求是地反映个人情况，不得夸大其词、弄虚作假，妨碍用人单位的遴选。

第三，接受用人单位组织的测试或考核的义务。用人单位为了招聘到符合要求的毕业生，一般都要通过一些测试或考核来了解毕业生的情况，通过比较，做出是否录用的决定。因此，毕业生应予积极配合，充分展现自己的能力，接受用人单位的测试和考核。

第四，严格按照就业协议及其他合法约定履行相应的义务。《中华人民共和国合同法》规定，依法签订的合同，对当事人具有法律约束力。当事人应当按照约定履行自己的义务，不得擅自变更或者解除合同。依法签订的合同，受法律保护。毕业生应认真履行协议或合同，不得无故擅自变更或自行解除。如果单方违约，必须主动承担违约责任。

第三节　大学生就业协议书与劳动合同

一、大学生就业协议书

就业协议书，是"全国普通高等学校毕业就业协议书"的简称，通常称为"三方协议"，是普通高等学校毕业生和用人单位在正式确立劳动人事关系前，经双向选择，在规定期限内确立就业关系、明确双方权利和义务而达成的书面协议，是用人单位确认毕业生相关信息真实可靠以及接收毕业生的重要凭据，也是高校进行毕业生就业管理、编制就业方案以及毕业生办理就业落户手续等有关事项的重要依据。

"就业协议书和劳动合同关系到每一个大学毕业生的切身利益，都是具有法律意义的法律文件，两者紧密相连，分别签订于毕业生就业过程的不同阶段。"[①] 毕业生到就业单位报到时，三方协议就自动终止了。就业协议一般由教育部或各省、自治区、直辖市就业主管部门统一制表。这个三方协议不是劳动合同而是一个意向合同，不受劳动法调整而受民法调整。

各高校要严格执行"四不准"规定，即不准以任何方式强迫毕业生签订就业协议和劳动合同，不准将毕业证书、学位证书发放与毕业生签约挂钩，不准以户档托管为由劝说毕

---

① 　郭秀萍. 大学生就业协议书与劳动合同相关法律问题 [J]. 铜陵学院学报，2010，9（6）：57.

业生签订虚假就业协议，不准将毕业生顶岗实习、见习证明材料作为就业证明材料。

就业协议书包括以下内容。

毕业生如实向用人单位介绍自己的情况，包括：姓名、性别、身份证号码、专业、学制、毕业时间、学历、联系方式等。了解用人单位的使用意图，表明自己的就业意见，在规定的时间内到用人单位报到，如遇特殊情况不能按时到用人单位报到，须征得用人单位同意。

第一，用人单位要如实介绍本单位的情况，包括：单位名称、组织机构代码、单位性质、联系人及联系方式、档案接收等，对毕业生的要求及使用意图，做好各项接收工作。

第二，学校如实向用人单位介绍毕业生的情况，用人单位同意录用后，经学校审核列入建议就业计划，报主管部门批准，学校负责办理毕业生的派遣手续。

第三，各方应严格履行协议，任何一方若违反协议，应承担违约责任。大学生就业协议书是雇主（或公司）与大学生之间达成的正式协议，用于明确双方的权利和义务，规定就业相关的各项事项。在协议书中，通常会强调各方应严格履行协议，并明确违约责任。

二、大学生劳动合同

劳动合同，是劳动者与用人单位确立劳动关系、明确双方权利和义务的协议。劳动合同是劳动者与用人单位建立劳动关系的凭证，是确立劳动法律关系的形式，是调整劳动关系的手段，也是处理劳动争议的重要依据。所有劳动者，无论是初次就业的应届毕业生，还是非应届毕业生，只要与用人单位建立劳动关系都应当订立劳动合同（或者聘用合同）。订立和变更劳动合同，应当遵循平等自愿、协商一致的原则，不得违反法律、行政法规的规定。劳动合同依法订立即具有法律约束力，当事人必须履行劳动合同规定的义务。

建立劳动关系应当订立劳动合同。根据规定，劳动者加入企业、个体经济组织、事业组织、国家机关、社会团体等用人单位，成为该单位的一员，承担一定的工种、岗位或职务工作，并遵守所在单位的内部劳动规则和其他规章制度；用人单位应及时安排被录用的劳动者工作，按照劳动者提供劳动的数量和质量支付劳动报酬，并且根据法律、法规规定和劳动合同的约定提供必要的劳动条件，保证劳动者享有劳动保护及社会保险、福利等权利和待遇。

劳动合同的内容可分为两方面：一方面是必备条款的内容；另一方面是协商约定的内容。必备条款的含义就是合同中必须具备的条款，若缺少其中之一，此合同都将被视为无效合同。

劳动合同的法定形式是书面形式，并具备7个条款：①劳动合同期限；②工作内容；

③劳动保护和劳动条件；④劳动报酬；⑤劳动纪律；⑥劳动合同终止的条件；⑦违反劳动合同的责任。

按照法律规定，用人单位与劳动者订立的劳动合同除上述 7 项必须具备的条款内容外，当事人可以协商约定其他内容，一般简称为协商条款或约定条款。这类约定条款的内容，是当国家法律规定不明确，或者国家尚无相关法律规定的情况下，用人单位与劳动者根据双方的实际情况协商约定的一些随机性的条款。当然，这些约定条款有效的前提是不能违反国家法律的规定。劳动行政部门印制的劳动合同样本，一般都将必备条款写得很具体，同时留出一定的空白由双方约定一些内容。例如，可以约定试用期、培训、保守用人单位商业秘密、补充保险和福利待遇以及其他经双方当事人协商一致的事项等。随着社会的发展，法律制度的完善，人们的法律意识、合同观念会越来越强，劳动合同中的约定条款的内容也越来越多。这是提高劳动合同质量的一个重要体现。

第四节　大学生劳动争议及其处理

劳动争议是社会生活中经常发生的一类纠纷。争议处理程序是专门处理劳动争议的程序。根据劳动争议所具有的特点，处理劳动争议不采用处理一般民事纠纷的程序，而是采用行政程序和诉讼程序相结合的特别程序。用人单位与劳动者发生劳动争议，当事人可以依法申请调解、仲裁、提起诉讼，也可以协商解决。调解原则适用于仲裁和诉讼程序。

劳动者与用人单位可以选择这些程序解决劳动争议：发生劳动争议后，当事人可以向行政部门投诉；向相关调解组织申请调解；自劳动争议调解组织收到调解申请之日起 15 日内未达成调解协议的，当事人可以向劳动仲裁机构申请仲裁。达成调解协议后，一方在协议约定期限内不履行调解协议的，另一方当事人也可以依法申请仲裁。此外，当事人也可以直接向劳动仲裁机构申请仲裁。

一、协商程序

协商是指劳动者与用人单位就争议的问题直接进行协商，寻找纠纷解决的具体方案。与其他纠纷不同的是，劳动争议的当事人一方为单位，一方为单位职工，因双方已经发生一定的劳动关系而使彼此之间相互有所了解。双方发生纠纷后最好先协商，通过自愿达成协议来消除隔阂。但是，协商程序不是处理劳动争议的必经程序。双方可以协商，也可以不协商，完全出于自愿，任何人都不能强迫。

二、调解程序

调解程序是指劳动纠纷的一方当事人就已经发生的劳动纠纷向劳动争议调解委员会申请调解的程序。在用人单位内，可以设立劳动争议调解委员会。劳动争议调解委员会由职工代表、用人单位代表和工会代表组成。他们具有法律知识、政策水平和实际工作能力，又了解本单位具体情况，有利于解决纠纷。除因签订、履行集体劳动合同发生的争议外均可由本企业劳动争议调解委员会调解。但是，与协商程序一样，调解程序也由当事人自愿选择，且调解协议也不具有强制执行力，如果一方反悔，同样可以向仲裁机构申请仲裁。

三、仲裁程序

仲裁程序，是劳动纠纷的一方当事人将纠纷提交劳动争议仲裁委员会进行处理的程序。该程序既具有劳动争议调解灵活、快捷的特点，又具有强制执行的效力，是解决劳动纠纷的一个重要手段。劳动争议仲裁委员会是国家授权、依法独立处理劳动争议案件的专门机构。申请劳动仲裁是解决劳动争议的选择之一，也是提起诉讼的前置程序，即如果想提起诉讼打劳动官司，必须要经过仲裁，不能直接向人民法院起诉。

四、诉讼程序

劳动争议当事人对仲裁裁决不服的，可以自收到仲裁裁决书之日起十五日内向人民法院提起诉讼。一方当事人在法定期限内不起诉又不履行仲裁裁决的，另一方当事人可以申请人民法院强制执行。诉讼程序即我们平常所说的打官司，诉讼程序的启动是由不服劳动争议仲裁委员会裁决的一方当事人向人民法院提起诉讼后启动的程序。诉讼程序具有较强的法律性、程序性，做出的判决也具有强制执行力。

为解决有些证据属于用人单位掌管，而劳动者无法提供的问题，劳动者无法提供由用人单位掌握管理的与仲裁请求有关的证据，仲裁庭可以要求用人单位在指定期限内提供。用人单位在指定期限内不提供的，应当承担不利后果。

劳动争议申请仲裁的时效期间为一年。仲裁时效期间从当事人知道或者应当知道其权利被侵害之日起计算。劳动关系存续期间因拖欠劳动报酬发生争议的，劳动者申请仲裁不受仲裁时效期间的限制；但是劳动关系终止的，应当自劳动关系终止之日起一年内提出。

用人单位自用工之日起即与劳动者建立劳动关系。建立劳动关系，应当订立书面劳动合同。已建立劳动关系，未同时订立劳动合同的，应当自用工之日起一个月内订立书面劳动合同。因此，只要企业用工开始，即认为劳动者与企业已经确定了劳动关系，不管双方是否签订书面劳动合同，劳动者都应享受正式员工的待遇。

　　实习期是大学生学习工作能力和适应社会环境的关键时期。但是在这个关键时期内，很多大学生都受到不同程度的"侵权"，也有不少企业看中大学生这个实习期，把大学生当作廉价劳工，在实习期内以各种理由把大学生辞退。而很多大学生法律意识不强，法律知识不够扎实，往往不能主动维护自己的权利。所以要维护大学生的就业权利就要认定大学生劳动者的主体资格，这不仅是对大学生劳动者合法权益的保护，而且对推动我国法制的进步也具有十分重要的意义。

参考文献

[1] 董庆. 服务视域下大学生职业生涯规划与发展体系的思考 [J]. 黑龙江高教研究, 2015 (8)：88-90.

[2] 窦凯. 大学生职业规划意识的强化及价值探讨 [J]. 教育现代化, 2019, 6 (89)：147.

[3] 段立颖. 关于大学生就业创业教育融合廉政文化教育开展的初步探索 [J]. 湖北开放职业学院学报, 2023, 36 (4)：1-2, 6.

[4] 高婷婷. 职业偏好视角下大学生就业结构失衡的破解路径 [J]. 教育与职业, 2023, 1027 (3)：68-75.

[5] 郭帆, 崔正华, 李猛, 等. 大学生职业生涯规划与就业指导 [M]. 南京：东南大学出版社, 2018：157.

[6] 郭秀萍. 大学生就业协议书与劳动合同相关法律问题 [J]. 铜陵学院学报, 2010, 9 (6)：57-58.

[7] 贾世要, 蒋冰凝, 张亚炜. 后疫情时代促进大学生有效就业的现实路径研究 [J]. 邢台职业技术学院学报, 2023, 40 (1)：47-50.

[8] 李依璇. 大学生返乡创业 SWOT 分析与对策初探 [J]. 四川劳动保障, 2023 (3)：75-76.

[9] 李哲. 以就业为导向构建大学生职业发展教育资源库的路径 [J]. 吉林省教育学院学报, 2023, 39 (5)：39-43.

[10] 罗碧纯. 大学生职业发展与就业指导体系建设研究 [J]. 就业与保障, 2022 (11)：163-165.

[11] 彭国霞. 家庭因素对高校学生职业发展决策的影响研究 [J]. 开封文化艺术职业学院学报, 2020, 40 (5)：81-82.

[12] 邱礼生. 刍议独立院校职业生涯规划与就业指导课课程改革 [J]. 人文之友, 2019 (22)：145-146.

[13] 石洪发. 大学生职业生涯规划 [M]. 北京：北京理工大学出版社, 2020.

［14］舒卫华.大学生职业生涯发展与就业指导［M］.武汉：华中科技大学出版社，2018.

［15］滕远杰.职业决策在生涯发展过程的作用［J］.中国外资，2013，（24）：236.

［16］田力，董薇.就业育人视域下的大学生职业发展教育初探［J］.中国大学生就业，2023（5）：58-63.

［17］田一.求知、求实：创新就业与创业指导模式［J］.辽宁教育研究，2008（4）：108-110.

［18］汪恭敬.认知信息加工理论视阈下大学生职业决策困难成因及对策［J］.巢湖学院学报，2021，23（5）：157-164.

［19］王廷，王楠，郭贝贝.大学生职业生涯［M］.北京：中国纺织出版社，2021.

［20］文军，刘琼，李立.大学生职业生涯与发展规划［M］.成都：电子科技大学出版社，2019：43.

［21］闻佳鑫.霍兰德职业兴趣理论及对青少年职业生涯发展的启示［J］.现代教育，2021（6）：60.

［22］夏宗光.社会转型与大学生职业生涯技术教育［J］.辽宁行政学院学报，2013，15（6）：99-100+103.

［23］徐淑娟.期待视野下大学生就业路径优化研究［J］.江苏高教，2023（2）：97-101.

［24］闫莉菲，魏玉曦.基于需求导向的大学生职业适应培养研究［J］.科技视界，2017，No.207（21）：43+7.

［25］杨肖.大学生"慢就业"现象成因及对策［J］.合作经济与科技，2023（8）：94-95.

［26］尹兆华.新时代大学生就业竞争力的影响因素及提升研究［J］.北京科技大学学报（社会科学版），2023，39（2）：174-180.

［27］于永华.培养大学生职业能力的理论与实践探索［J］.高校教育管理，2012，6（1）：86-90.

［28］袁成钢，熊艳.大学生就业心理误区与调适策略［J］.教育与职业，2010（33）：91-93.

［29］张敏，张咚咚，方丽娟.大学生职业发展与就业指导课程体系建设的思考与实践［J］.质量与市场，2022（16）：139-141.

［30］张四平.浅谈职业生涯规划［J］.经济师，2023（3）：264.

［31］周玲娟，刘茜，兰园淞，等.大学生"慢就业"行为量表的开发与验证［J］.西部素质教育，2023，9（4）：17-20，77.